La Guinée et la CBG :
Les enjeux d'un dilemme géopolitique

Oumar Totiya BARRY

La Guinée et la CBG :
Les enjeux d'un dilemme géopolitique

Préface de :
Kémoko TOURÉ

L'Harmattan

L'Harmattan, 2022
5-7, rue de l'École-Polytechnique, 75005 Paris

http://www.editions-harmattan.fr

ISBN : 978-2-343-25467-8
EAN : 9782343254678

Sommaire

Liste des sigles et acronymes

AID : Association Internationale pour le Développement
AOF : Afrique-Occidentale Française
ANAIM : Agence Nationale des Infrastructures minières
BAG : Bloc Africain de Guinée
BCEAO : Banque Centrale des États de l'Afrique de l'Ouest
BIRD : Banque Internationale pour la Reconstruction et le Développement
BCRG : Banque Centrale des États de l'Afrique de l'Ouest
CGTFO : Confédération générale des Travailleurs de Forces Ouvrières
CGT : Confédération générale des Travailleurs
CFTC : Confédération générale des Travailleurs chrétiens
CFA : Communauté française d'Afrique
CIA : Central Intelligence Agency
CEE : Communauté économique européenne
CAEM : Comité d'Assistance économique mutuelle
CPDM : Centre de Promotion et de Développement Minier.
DSG : Démocratie socialiste de Guinée
FLN : Front de libération nationale
IBA : Association Internationale de la Bauxite
OFAB : Office d'Aménagement de Boké
PTT : Postes, Téléphones et Télégraphes
PME : Petite et moyenne Entreprise
PRA : Parti du Regroupement Africain
PDG-RDA : Parti démocratique de Guinée-Rassemblement démocratique africain

RDA : Rassemblement démocratique africain

SA : Société Anonyme

USCG : Union des Syndicats confédérés de Guinée

URSS : Union des Républiques socialistes et soviétiques

USAID: United States Agency for International Development

IND : Institut National de la Démographie

UNESCO : Organisation des Nations-Unies pour l'Éducation, la Science et la Culture

AFP : Agence France Presse

GAC: Guinea Alumina Corporation

SBDT : Société des Bauxites de Dabola Tougué.

Dédicace

En août 2014, étudiant en Master à l'Université de Sonfonia, je cherchais un sujet de mémoire dans le domaine de l'histoire des relations internationales de la Guinée. Après quelques discussions exploratoires avec un de mes professeurs, l'expression « politique de coopération minière » surgit soudainement de notre débat. Je ne savais absolument rien du sujet. Je pensais évidemment à la CBG. Un mot mythique dans mon esprit, que j'avais appris durant mes cours de géographie ou je ne sais plus quelle matière dans les classes du primaire. Quelques mois après, je mobilise un peu de sous que j'avais obtenus des cours que je donnais dans certaines écoles privées de Dubreka, une commune près de Conakry. À l'époque, la volonté d'apprendre était la seule ressource réelle en ma compagnie. Sous une forte pluie d'août, je débarque pour la première fois à Kamsar. Je ne savais où me rendre. Chez qui aller ? Je n'avais aucun parent, aucun ami que je connaissais dans cette ville célèbre mouillée de pluie torrentielle. Une inquiétude me saisissait aussitôt sur l'opportunité ou l'utilité de cette aventure que j'entreprenais. Pas assez de ressources financières pour une telle recherche, aucune connaissance théorique ou technique sur les mines. Rien à faire ! J'étais déjà au milieu de la vague. Il fallait ressortir de là « vivant », c'est qui importait le plus, tout au moins. Un coup de fil à un ami de promotion à Conakry. Ce dernier me recommande à un de ses amis qui habite dans un quartier périphérique très peuplé. Voilà comment je me retrouve en profane dans le sujet qui fait l'objet de ce livre.

Auparavant mon seul lien avec les mines était mon père, ingénieur géologue, Directeur Préfectoral des Mines dans plusieurs villes de l'intérieur. Il avait tout un album de photos de ses nombreuses missions de recherche géologique. J'étais bien sûr et jusqu'à présent un passionné de voyage, de découverte, et donc un naturaliste dans l'âme. Mais j'ignorais tout d'une mine en général et d'une mine de bauxite en particulier. Quid d'un train minéralier, une usine de séchage de bauxite ? Me voilà à présent devant ces machineries rouges puissamment imposantes. C'est le début d'une aventure douloureuse. Le chemin sera difficile et parfois périlleux au point que l'idée d'abandonner le sujet me saisit à plusieurs reprises. Mais la volonté d'apprendre était plus forte. Apprendre ! Apprendre ! Voilà le compagnon qui m'a tenu la main pour braver tous les obstacles jusqu'à cet ouvrage.

C'est l'occasion pour moi de remercier ces personnes et tous ceux qui de près ou de loin ont contribué à mon parcours scolaire, mon cursus universitaire et mon épanouissement intellectuel. Cet ouvrage est dédié à feu mon père Boubacar Biro Barry, ingénieur géologue, pour l'investissement et les sacrifices consentis pour l'éducation de ses enfants. Une reconnaissance qui s'étend également à mon homonyme Oumar Totiya Barry pour tout ce qui du ressort d'une bienfaisance fraternelle le lia à mon père. J'implore Dieu pour qu'il répande grâce, santé et longévité à ma chère mère Fatoumata Barry et à ma grand-mère Aïssatou Diakité. Ma fraternelle reconnaissance à mon frère aîné Alimou Barry pour tout son soutien qui m'a permis de repousser aussi loin le chemin académique. Une pensée familiale à Diariou Barry, Mariame Barry, Mamadou Aliou Barry et Fatoumata Barry. Ma reconnaissance aux frères Abdoul Diakité et Boubacar Diallo pour leur soutien à des moments peu aisés. Mon attachement le plus cher à ma grande famille Barry Sarayanké.

C'est aussi l'occasion pour moi de remercier Dr Baldé Maladho Sidy et M. Ismaël Kabacé Samoura pour leur contribution inestimable à ma formation. En outre, je reste particulièrement attaché à mes collaborateurs et responsables du groupe scolaire Abdoul Fazza Diallo de Dubreka et à son fondateur, M. Abdourahmane Diallo. Un temple éducatif au sein duquel j'ai forgé mes premiers outils pédagogiques dans une ambiance conviviale. L'aventure s'est nourrie d'échanges scientifiques fructueux autour de personnes chaleureuses au sein d'un groupe d'amis réunis autour d'un espace social à Dubreka « la Palestine », chez Amadou « Bafoe » Diallo. Ma reconnaissance et mes remerciements s'adressent également à AJEGUIR de Lyon pour l'accompagnement dans cette longue et enrichissante immersion en France. J'exprime également mes amitiés renouvelées à l'équipe de réflexion et d'action de jeunes réunis au sein de collectifs comme Action Mines Guinée et GIGA. J'adresse un vibrant hommage à la 2e promotion LMD en Histoire des relations internationales de l'Université de Sonfonia (2011).

Mes pensées les plus chères à toutes ces personnes à Conakry, à Dubreka et à Boké pour tout le soutien apporté dans le cadre de mes nombreux travaux de recherche : le frère Alpha Boubacar « Kaza » Bah, le consultant mines Amadou Bah de Action Mines Guinée, le journaliste Akoumba Diallo, feu le vice Maire de Boké Mamadou Safaye Diallo, mes tuteurs Mohamed Camara à Boké, Mohamed Kouyaté à Kamsar et le journaliste Abdoulaye Keita. Qu'ils en soient vivement remerciés !

Préface

J'ai accepté de préfacer ce livre sans l'avoir lu, en me basant uniquement sur son titre évocateur. En effet, l'attribution corrompue des concessions et l'exploitation anarchique de la bauxite symbolisent l'incapacité de l'élite dirigeante de notre pays à élaborer, à partir d'une richesse providentielle, une stratégie pour un développement économique et social irréversible.

Le livre de Monsieur Oumar Totiya Barry évite au lecteur la souffrance d'une lecture austère des tenants et aboutissants de la politique bauxitique de la Guinée. Il se lit comme un roman et les difficultés techniques ne sont pas insurmontables pour le lecteur non initié. En outre, quelques éléments historiques introduits par l'auteur pour expliquer le processus de la pénétration coloniale ajoutent au récit un intérêt supplémentaire. Le lecteur trouvera également dans cet ouvrage, une explication des origines des violences politiques dans notre pays.

Pour en revenir au titre du livre, je trouve particulièrement délicieux la description du contexte géopolitique qui prévalait dans les heures sombres de la guerre froide, l'analyse de la fausse opposition américaine à la colonisation fondée en réalité sur l'absence douloureuse des États-Unis dans le partage des États africains, la relation des circonstances politiques et la chronologie des faits qui conduisent à la création de la Compagnie des Bauxites de Guinée (CBG).

Les rivalités entre les puissances industrielles pour l'occupation de positions fortes en Guinée après le retrait de la France sont décrites avec une grande justesse. L'auteur administre une fois encore la preuve que toutes les relations internationales sont basées sur la défense par chaque pays de ses propres intérêts et en n'acceptant de compromission que pour éviter de tout perdre. Il s'agit là d'une belle leçon dont les dirigeants égarés des pays africains pourraient tirer le plus grand profit.

Et vint le « Projet de Boké », appellation mère de la future CBG, véritable cheval de Troie des États-Unis d'Amérique. Ce pays avait déjà pris la mesure de la position géographique stratégique de la Guinée et des immenses potentialités minières du pays. Il ne voulait à aucun prix laisser la place à l'ennemi intime, l'Union soviétique, et à l'ancien colonisateur, la France. En dépit de la faiblesse politique de son pays en ces périodes de guerre froide, le Président Sékou Touré se montrera intransigeant envers chaque grande puissance qui aura osé s'attaquer à ce qu'il considérait être un pan de la souveraineté de son pays. Il avait parfaitement compris tout le parti qu'il pouvait tirer de l'intérêt des uns et des autres pour obtenir le maximum d'avantages de tout le monde. Cette intransigeance ne cessera pas avec la signature de la Convention de la CBG le 1er octobre 1963. Cette Convention attribue 49 % d'actions gratuites à la Guinée pour le droit du sol et 51 % aux Partenaires extérieurs qui, quels que soient les transferts qu'ils peuvent effectuer en interne, n'affecteront en rien la part du capital du pays minier. Ce modèle n'aura pas d'équivalent et rien n'indique aujourd'hui qu'il en aura dans un futur proche. En dépit des surcoûts que subit la CBG par divers canaux, le fonctionnement effectif des organes de gestion et de contrôle permet à la société de dégager des profits qui, comme le démontre l'auteur de ce livre, reviennent à 65 % à la Guinée. Il est peu probable que les modes actuels d'attribution et de gestion des concessions de bauxite permettent de générer des profits significatifs au bénéfice du pays.

Oumar Barry décrit avec force détails les contributions et les insuffisances de la CBG. Il souligne également avec raison l'incurie de l'État qui n'a jamais réussi à accompagner l'implantation des sociétés de bauxite d'un véritable plan de développement local. C'est ainsi qu'au lieu d'être une source d'amélioration sensible des conditions de vie, l'extraction et la gestion anarchiques du minerai ont, le plus souvent, non seulement détruit le mode de vie agro pastoral des populations, mais elles ont créé de sérieux problèmes environnementaux face auxquels l'État et les sociétés minières demeurent indifférents ou impuissants.

L'auteur de ce livre alerte les sociétés minières et les autorités administratives sur de nombreux problèmes qui sont le lot de toutes les zones d'implantation minière. On distingue notamment : la propriété des terres et la juste indemnisation, la pollution de l'air et les maladies pouvant y être liées, la destruction du couvert végétal, la quasi-impossibilité pour les populations rurales de vivre décemment de leurs activités ancestrales avec la proximité des sociétés minières, les problèmes de sécurité que soulèvent le développement anarchique de centres urbains autour des cités minières, le désœuvrement des jeunes des communes environnantes, le développement des maladies infectieuses, la réhabilitation des zones minées par des espèces adaptées et utiles. L'accent est mis sur la Compagnie des Bauxites de Guinée (CBG) qui est pourtant la société qui est, industriellement et socialement, la plus intégrée de la République de Guinée.

Avec parfois des accents de révolte, Oumar Totiya Barry a écrit un livre sérieux qui peut utilement servir à comprendre l'histoire de la bauxite en Guinée, à comprendre les enjeux économiques et politiques liés à la bauxite qui deviendra l'aluminium après deux phases de transformation, à repenser certains aspects de la politique minière afin de permettre à notre pays de tirer enfin les profits économiques et sociaux qu'il est en droit d'attendre.

Kémoko Touré
Industriel, Écrivain, Consultant.

Introduction

Ma motivation d'écrire sur les enjeux géopolitiques, politiques et économiques qui ont prévalu à la création de la Compagnie des Bauxites de Guinée (CBG) et la singularité de son modèle de coopération, s'inscrit dans le cadre d'une contribution à la réflexion critique pour l'amélioration de la gouvernance minière en Guinée. Ce souci est largement partagé avec d'autres acteurs sociaux et politiques ; nous devons porter des regards croisés de divers courants épistémologiques sur l'ensemble des politiques de développement des ressources minières prônées jusque-là par l'État guinéen. Autrement, la faiblesse de la contribution du secteur minier au développement national peut être scrutée dans une perspective d'ancrage historique et géopolitique spécifique aux projets miniers. C'est toute l'ambition qui nous a guidés tout au long de ce modeste travail.

De par la diversité et l'étendue de ses ressources naturelles, la Guinée est classée parmi les plus grands pays miniers d'Afrique, voire du monde. Son sous-sol recèle en effet les plus importantes réserves mondiales de bauxite, notamment dans la région de Boké. À cela s'ajoutent les plus riches gisements de minerai de fer au monde non encore exploités, au sud-est du pays dans le Simandou et dans les monts Nimba, mais également des gisements de diamant de très haute qualité autour du bassin Kérouané-Macenta, d'importantes réserves d'or concentrées principalement dans le cercle du « vieux Mandingue » (Siguiri, Kouroussa, Mandiana) et une grande variété d'autres ressources minérales mal ou peu répertoriées. Depuis l'indépendance du pays, le 2 octobre 1958, la bauxite est la ressource la plus importante en exploitation avec des réserves identifiées estimées à près de 30 milliards de tonnes, soit plus de 2\3 des réserves mondiales actuellement connues.[1]

La valorisation de cette ressource minière, à travers une stratégie d'exploitation et de transformation industrielle intégrée, inclusive et durable, a toujours été une préoccupation nationale. Ce souci ne cesse de ressurgir dans tous les débats politiques et académiques sur le développement socio-économique de la Guinée. Dès les premières années de l'indépendance, dans un contexte marqué par une rupture politique et économique avec l'ancienne puissance coloniale, la France, le gouvernement guinéen de l'époque définit une nouvelle stratégie développementale des ressources naturelles. Cette politique postulait la participation de l'État guinéen en coopération avec des acteurs privés ou étatiques pour la constitution de société d'économie mixte. C'est dans ce cadre, et en dépit des orientations socialistes du régime et de sa proximité avec les pays du bloc de l'Est, que des négociations sont curieusement entreprises avec une petite société américaine de Californie, Harvey Aluminium Company[2], pour la mise en valeur des réserves bauxitiques de Boké les plus importantes du monde à l'époque. C'est au terme de ces négociations qu'émerge sur la scène industrielle de la bauxite la Compagnie des Bauxites de Guinée (CBG). Soixante-trois (63) ans plus tard, l'entreprise tient encore debout, essoufflée certes, mais vivante.

À ce jour, aucune étude spécifique n'a été menée sur les enjeux géopolitiques, économiques et politiques qui ont sous-tendu la création et l'évolution de la Compagnie des

---

[1] J, Dominique Geslin (Dir.), « ANAIM, un outil prometteur », in *Jeune Afrique Plus*, France, 1998, Page 43.

[2] Congrès du PDG de 1967, le socialisme est défini comme modèle de développement.

Bauxites de Guinée (CBG). Autrement, dans un contexte international de guerre froide, ce soutien actif et important du gouvernement américain à ce projet de grande envergure financière dans un pays socialiste relève avant tout d'un paradoxe dans l'histoire de la bipolarité. Les mécanismes par lesquels fonctionne ce modèle de coopération public-privé (joint-venture), regroupant dans un même projet industriel un État fonctionnant sur la base d'une économie planifiée et des entreprises privées régies par les lois du marché, méritent une réflexion approfondie.

Notre travail loin de prétendre à une quelconque érudition dans ce domaine, se veut avant tout un essai contributif à la réflexion sur le secteur minier guinéen. Il est comme toute œuvre humaine, imparfaite et incomplète. Mais il a le mérite de poser le débat jusque-là ignoré sur les enjeux géopolitiques que recouvrent les projets miniers en Guinée. La période de la guerre froide mise en exergue dans ce travail était chargée de défis, d'enjeux, de représentations et d'intérêts bien différents de ceux de la Guinée. Tant de facteurs qui ont pesé de tout leur poids dans la définition des termes de la convention minière signée entre la Guinée et les entreprises minières.

Le monde actuel est tenaillé entre des tendances multipolaires, et, de surcroît, la redéfinition des rapports de force entre la Chine et les puissances classiques du monde occidental reste également une tendance lourde structurant les relations internationales. La compétition de puissance sur des territoires réservoirs de ressources en raréfaction, le Soft Power au travers de la diffusion de représentations du monde, la construction de zones d'influence stratégique, le contrôle des ressources indispensables à la transition énergétique sont autant d'enjeux à intégrer dans nos approches de coopération pour le développement de nos ressources naturelles. La conquête des ressources minières est indissociable d'une stratégie de diffusion d'un nouveau récit du monde propre à chaque acteur ; une nouvelle rhétorique de reconditionnement des esprits à une vision du monde reflétant les trajectoires historiques particulières de chaque puissance. D'hier à aujourd'hui, la bauxite guinéenne est au cœur de toutes les convoitises tant pour sa valeur minérale que pour des considérations plus globales traversant le monde. Elle subit autant les contrecoups des « superstructures géopolitiques » qui modulent le monde, que de la distribution des « infrastructures » de l'économie minière mondiale. La bauxite c'est aussi de la géopolitique.

ÉTUDE DU CONTEXTE HISTORIQUE D'ÉMERGENCE D'UN « CHEVAL DE TROIE »

CHAPITRE I :

Présentation du cadre géographique et historique de la Guinée

Pour comprendre en profondeur les enjeux qui ont été déterminants dans le soutien des États-Unis à la création d'une société minière de grande envergure dans un pays socialiste, la Guinée, en pleine guerre froide, il est fondamental de partir d'une analyse des « « forces profondes »[3] qui sous-tendent les relations internationales de l'époque, en scrutant les particularités géographiques et historiques de ce pays. Dans le cas de la République de Guinée, si d'une part, la richesse exceptionnelle de sa bauxite de loin la plus abondante et la plus riche au monde a été d'un atout considérable dans la construction d'une relation de coopération durable avec les États-Unis, d'autre part, les conditions de son accession à l'indépendance en 1958 marquées par une rupture brutale avec la France ont laissé le pays dans une fragilité économique et un vide stratégique vite récupéré par les Soviétiques et les États-Unis. En effet, en 1958, la France mit fin à toutes les aides économiques envers la Guinée, laissant le nouvel État exsangue. Une situation que les pays de l'Est vont aussitôt exploiter pour s'implanter dans la zone ouest-africaine, jusque-là largement sous influence politique française. Une intrusion politique qui, dans une période de guerre froide, ne pouvait laisser indifférents les États-Unis.

---

[3] Notion développée en Histoire des relations internationales par Pierre Renouvin et Jean Baptiste Duroselle.

SECTION 1.1. DISTRIBUTION DES RESSOURCES BAUXITIQUES ET HISTOIRE POLITIQUE DE LA GUINÉE.

A-DISTRIBUTION DES RESSOURCES BAUXITIQUES.

La République de Guinée est un pays côtier situé en Afrique occidentale. Elle a une superficie de 245.857 km2. Le pays est géographiquement compris entre les 7° et 13° de latitude nord et entre les 8° et 15° de longitude ouest.[4] Ses limites géographiques reflètent une longue tradition historique de territoire de jonction de plusieurs routes commerciales caravanières qui partaient des profondeurs du Maghreb en direction des empires médiévaux ouest-africains. Le territoire actuel de la Guinée a hébergé successivement en partie, voire même en intégralité, tous les empires ouest-africains du Moyen Âge. C'est aussi un espace longtemps ouvert aux transactions commerciales entre l'Europe et l'Afrique. Bien avant les grandes vagues aventurières européennes du XVe siècle, les côtes guinéennes ont connu la visite de commerçants carthaginois ou portugais.

À l'ouest, il est bordé par l'océan Atlantique sur 300 km de côtes marécageuses, envasées, trouées de rias, fendues à plusieurs endroits par des estuaires profonds. C'est l'aboutissement de la course ininterrompue de fleuves qui descendent en cascades depuis les montagnes luxuriantes du Fouta Djallon. Ils arrosent de vastes régions arides, terminent leurs chemins dans les plaines maritimes, avant de se jeter dans l'océan en formant des deltas. Pendant des siècles, ces estuaires (Rio Pongo, Rio Nuñez, Méllacorée) furent les voies de pénétration naturelle à l'intérieur des terres, formant des espaces de contact, de commerce et de

[4] www.cpdm-gn.net, *présentation de la Guinée*, consulté en mai 2019.

civilisation. Le Rio Nuñez dans la région de Boké, illustre avec éloquence les dynamiques économiques et culturelles séculaires entretenues par les puissances étrangères sur ces voies navigables. Le fortin de Boké encore debout du haut de ses 150 ans témoigne de la vitalité d'une époque. Construit en 1878 par l'administration coloniale française pour abriter un poste administratif et militaire, le bâtiment a été bâti sur l'emplacement d'anciennes factoreries de commerce anglais, puis français du XIXe siècle, un domaine de 200 m de longueur cédé à la France par le roi des Landouma, Sara Tongo, via un traité signé le 5 mars 1849. Nul doute que ce fut un des nombreux points sombres de la traite négrière, entre les XVe et XVIIIe siècles, dispersés sur toutes les rivières (Pongo, Nuñez, Méllacorée). Situé sur la pointe extrême du plateau de Boké à l'endroit où le fleuve cesse pratiquement d'être navigable, cet endroit légendaire dans les imaginaires Landouma, dénommé « Deboke » a connu la domination successive, parfois simultanée, anglaise, belge et française, au point d'être le théâtre de violences meurtrières que les historiens désignent par l'expression les « guerres du Nuñez ». En mars 1849, une expédition franco-belge de 150 hommes pilonne au mortier le Kakandé, brûle les villages mythiques de Wakiriya, fait prisonnier le roi Sara Tongo des Landouma et disperse les habitants. Les enjeux de cette guerre sont à la fois économiques et stratégiques : le contrôle de la navigation sur le Rio Nuñez et de la florissante économie de la traite arachidière. En moyenne, dans la première moitié du XIXe siècle, c'est plus de 21 navires chargés de produits divers qui remontent chaque année le cours du Nuñez, exportant plus de 3 millions de kg d'arachide en 1865. Nalou et Landouma s'affrontent durant des décennies pour le contrôle des ressources générées par l'économie de traite sur le Rio Nuñez.

À l'intérieur du continent, la Guinée partage ses frontières avec six (6) autres pays ; soit la Guinée-Bissau et le Sénégal au nord-ouest, le Mali au nord-est, la Côte d'Ivoire à l'est, le Libéria au sud, la Sierra Leone au sud-est.[5] Elle est aussi répartie en quatre (4) régions naturelles, géographiquement, économiquement et culturellement distinctes :

— La Guinée maritime large d'une ligne côtière marécageuse de 300 km, c'est la région bauxitique par excellence de la Guinée. L'exploitation de celle-ci est facilitée par la proximité géographique des gisements des côtes atlantiques (entre 100 et 500 km). Un atout majeur pour la construction de grands ports miniers comme celui de Kamsar, de Conakry et des points de chargement mutualisés sur le Rio Nuñez et le Rio Pongo. Le potentiel en bauxite de cette région est estimé à plus de 5 milliards de tonnes de haute qualité. Le gisement du plateau de Sangaredi mis en exploitation en 1973 par la CBG était unique au monde de par sa teneur estimée autour de 60 % d'alumine.

La région bauxitique de la basse Guinée se prolonge vers l'est en moyenne Guinée, tout en rompant graduellement dans ses traits naturels et socioculturels. Le Fouta Djallon renferme la source de plusieurs grands fleuves de l'Afrique de l'Ouest : Gambie, Konkouré, Sénégal, qui ont valu à la Guinée le nom de « Château d'eau de l'Afrique de l'Ouest ». En moyenne Guinée, les plateaux bauxitiques identifiés dans le pourtour de Labé regorgent un potentiel de l'ordre de 2,5 milliards de tonnes de bauxite avec une teneur moyenne supérieure à 45 % d'alumine. Ceux de Gaoual au nord-ouest du pays chiffrent près de 460 millions de tonnes de ressources en bauxite de qualité, d'une teneur

---

[5] I, Soumah, *avenir de l'industrie minière en Guinée*, Paris, Harmattan, 2007, page 13.

[5]www.cpdm-gn.net, *présentation de la Guinée,* consulté en mai 2019.

moyenne de 48,7 % AL_2O_3 et de 2,1 % de SIO_2. Leur mise en exploitation reste confrontée à l'état actuel à leur éloignement des ports miniers de la côte Atlantique. À cela s'ajoute le manque d'études techniques approfondies et actualisées sur des projets miniers rentables dans la zone concernée. [6]

Ce pays montagneux du Fouta Djallon évolue dans une osmose à la fois sur le plan naturel et socioculturel vers les savanes du Manding en haute Guinée.

La haute Guinée est le domaine des savanes et des vastes plaines agricoles arrosées par le bassin du Niger et ses affluents. Les Préfectures de Tougué et de Dabola renferment un potentiel bauxitique de plus de 2 milliards de tonnes. Plusieurs projets miniers sont en développement dans la région, notamment le projet SBDT. La mise en œuvre de ce projet dépendrait essentiellement de la construction du chemin de fer Trans guinéen. L'État guinéen et les sociétés intéressées au développement des gisements de fer du Simandou et du Nimba en région forestière sont en négociation sur les modalités de financement et de construction de cette dorsale guinéenne indispensable pour le transport du minerai, ainsi que les produits agricoles en provenance de toutes les régions traversées.

Le point culminant de la Guinée est atteint en Guinée forestière avec le mont Nimba (1752 m). C'est une zone humide et de forêts denses. Le fer est la principale ressource de la région en développement grâce aux mégas projets du Simandou et du Nimba, dont la mise en œuvre dépendrait aussi de la construction du Trans guinéen.[7] Certaines hypothèses en discussion entre Conakry et Monrovia relayées dans les médias pencheraient pour le transport de

---

[6] www.cpdm-gn.net, *présentation de la Guinée,* consulté en Mai 2019.

[7] Le coût de ce projet d'infrastructure et de mine de Simandou a été estimé à 20 milliards de dollars.

certaines ressources minières de cette région par le port de Monrovia (Libéria), le plus proche de la zone d'exploitation. Ce qui représenterait non seulement un fléchissement préjudiciable à notre souveraineté économique, voire stratégique, mais entraînerait également des pertes d'opportunités de développement économique de toutes les régions qui seraient desservies par le chemin de fer Trans guinéen. [8]

Dans l'ensemble du territoire, le potentiel en bauxite de la Guinée représente les deux tiers des réserves mondiales actuellement connues. L'estimation exacte de cette ressource représente encore un défi important dans la connaissance du potentiel géologique de la Guinée. Faute de moyens techniques appropriés pour mener les études de prospection et d'évaluation des ressources, les chiffres sur la bauxite et les autres ressources demeurent largement approximatifs et variés. La richesse en bauxite est estimée par l'État guinéen à plus de 40,14 milliards de tonnes, dont seulement 10,6 milliards de tonnes de réserves prouvées et de ressources mesurées. Par contre, les chiffres qui avaient été publiés par l'IBA (Association Internationale de la Bauxite dissoute en 1995) et les producteurs d'aluminium faisaient état de 5 milliards de tonnes de réserves de bauxite pour la Guinée sur un total mondial de 15 milliards de tonnes, soit les 1/3 des réserves mondiales.[9] Selon les données publiées en 2021 par l'US Geological Survey, la Guinée disposerait de 24,9 % des réserves mondiales de bauxite soit 7,5 milliards de tonnes. Loin devant l'Australie qui recèle 17,2 % des réserves mondiales.

---

[8] www.cpdm-gn.net, *présentation de la Guinée,* consulté en mai 2019.

[8] I, Soumah, *avenir de l'industrie minière en Guinée*, Paris, Harmattan, 2007, page 32

B. La construction d'un « État rhizome » d'une main d'ouvrier. 10

Au-delà de cette description géographique succincte, mais riche sur le potentiel minier de la Guinée, ce qui a été encore un atout majeur du pays dans la définition de sa politique de développement. La trajectoire historique de la Guinée a connu en 1958 une fracture qui a redessiné profondément le destin politique du pays. En effet, cette date marque la rupture politique avec la France après 70 ans de colonisation. Une histoire coloniale qui s'est enracinée sur les « décombres » des institutions politiques centralisées du Fouta et de la savane, et celles non centralisées, éclatées en multiples chefferies dans les côtes et en région forestière. Le processus d'occupation et de colonisation de la Guinée fut progressif et complexe, d'une main de maçon adossée à des traités de protectorats ou concessionnels, entre 1865 et 1912. Une « maison sans design prédéfini » construite par l'administration coloniale sur les traces des maisons de commerce, à coup d'essai, au hasard des conquêtes et victoires militaires, l'œuvre politique de construction de la colonie était régulièrement précédée ou sanctionnée par des traités imposés ou négociés.

En juillet 1889, le roi de Dubreka, le Mangué Balé Sia'kha signe avec Dr Péreton, administrateur principal 2e classe, un traité de cession territoriale de Kaloum et place son royaume sous le protectorat de la France.[11] Ce traité remplace celui portant sur le protectorat et le commerce

---

[10] Expression développée par Jean François Bayard utilisant cette métaphore végétale pour décrire l'État post colonial africain : une tige apparente représentant les institutions greffées par la colonisation et les racines représentant la mémoire historique, sociale et culturelle de l'Afrique.

[11] Le royaume de Dubreka était constitué du Bagataye, Kaloum, Tabounsou, Maneah.

signé en 1880 entre le roi Bale Demba, frère de Balé Sia'kha, et M. Chapelet commandant de la Méllacoré. Ce territoire situé dans le Benty au sud avait été acquis depuis 1866 par la France au travers des traités de commerce et de protectorat signés avec une myriade de chefferies locales.[12] En août 1889, un décret créa la colonie des « Rivières du sud », formée essentiellement des postes militaires et de commerce de Boké, Boffa, Dubreka, et Benty. Ils étaient administrativement rattachés à la colonie du Sénégal depuis octobre 1882.[13] Les établissements de commerce facilement accessibles par la navigation sont les points d'aboutissement des fleuves en courses cascadées depuis les montagnes du Fouta Djallon ; la Méllacorée, le Rio Pongo ou Fatala, le Rio Nuñez ou Tinguilinta. L'appellation « Rivières du sud » demeurée entre 1889 et 1891 le nom officiel de la petite colonie côtière en gestation, dérive de l'emplacement géographique du territoire au sud du Sénégal, faisant également référence aux nombreuses « rivières » qui irriguent les plaines côtières, avant d'embrasser joyeusement en fourchette l'océan Atlantique.

Le développement rapide des établissements de commerce de la côte, et le souci de créer une unité territoriale entre les Rivières du sud et le Soudan français en passant par le Fouta Djallon, poussèrent la France à créer une nouvelle colonie autonome au sud du Sénégal. La Guinée devint ainsi une colonie française par le décret du 17 décembre 1891 sous le nom de « Guinée française » et dépendances.[14] Elle est autonomisée en 1893, parallèlement à la création de la région « « Sud du Soudan » formée des postes administratifs de Siguiri, Kankan et les territoires

---

[12] Notamment le Traité signé en 1865 avec Melagui Touré.

[13] En février 1876 un traité de cession de Boffa est signé avec le Roi John Cotty. En 1885, le cercle de Dubreka est créé.

[14] Les établissements français de la Côte d'Ivoire et du Togo dépendaient jusqu'en 1893 de la colonie de la Guinée française.

abandonnés par Samory à la suite de son exode vers l'est.[15] En 1895, le cercle de Faranah est rattaché à la nouvelle colonie et en 1899 la région du « Sud du Soudan » (haute Guinée) est définitivement rattachée à la Guinée après l'arrestation de Samory en 1898.[16] La région forestière difficilement accessible restera une zone militaire jusqu'en 1911, après la défaite de Boussèdou de N'Zebela Tokpa Pivi en 1908. Les accords franco-anglais de 1895 et de juillet 1912 dessineront définitivement le tracé de la frontière sud-ouest entre la Guinée française et la Sierra Leone. Un autre accord franco-libérien de janvier 1911 confirmera les contours des accords de 1892 et de 1907 sur la frontière sud-est de la Guinée française avec le Libéria.

La France développa rapidement sur le territoire de la colonie de la Guinée française une économie de rente fondée sur les cultures tropicales de la banane, du café, et de l'ananas. À la veille de l'indépendance, la production de banane avait atteint 100.000 tonnes par an, faisant du pays le premier exportateur de bananes en Afrique-Occidentale française. En 1930, une société minière française Bauxite du Midi, filiale de la puissante multinationale canadienne de l'aluminium Alcan, avait entamé l'exploration géologique du territoire. À la veille de la Seconde Guerre mondiale en 1939, l'exploitation de la bauxite commença timidement dans les îles de Loos au large de Conakry.

---

[15] Kankan est occupée en 1891, le cercle de Kérouané est créé en 1892, le poste de Beyla en 1893. En juillet 1881, un traité de protectorat avait été signé entre la mission du Niger de Dr Bayol, Noirot et les Almamys du Fouta et un autre traité signé en 1888. En 1896, après la bataille de Poredaka, le Fouta est définitivement annexée. En 1893, la haute Guinée encore appelée « Région sud du soudan » est détachée du Soudan français et rattachée à la Guinée française.

[16] L'arrêté du gouverneur général de l'AOF du 12 janvier 1899 portant délimitation définitive de la Guinée française avec le Sénégal et le Soudan français. La convention du 12 mai 1886 signée à Paris délimite les possessions françaises et portugaises au nord-ouest.

Pendant la guerre, la production de minerai est mise en arrêt, reprise avec plus d'intensité en 1948 avec de nouvelles installations industrielles dans l'île de Tamara. La colonie française connaîtra une rapide évolution économique, sociale et politique dans l'entre-deux-guerres. Cette dynamique s'accélère après la Seconde Guerre mondiale à la suite des réformes politiques du régime colonial initiées par le premier gouvernement de la France libre. Les colonies de l'empire colonial devinrent des territoires d'outre-mer bénéficiant de certaines libertés politiques et syndicales. La nouvelle architecture politique du système colonial, l'Union française, composée des nouveaux territoires d'outre-mer et de la métropole succède à l'empire colonial. Dans ces nouveaux territoires africains, les mouvements syndicaux et politiques se développent, à la suite de l'adoption de la constitution de la 4e République française ouvrant la voie à plus de liberté politique. À partir de 1946, les territoires africains de la France auront la possibilité d'élire au double collège des représentants au parlement français pour défendre l'intérêt des populations d'outre-mer. En Guinée, l'instituteur Yacine Diallo sera le premier député du territoire de la Guinée à siéger au palais Bourbon en France.[17] Parallèlement, les territoires éliront des représentants dans plusieurs autres institutions établies par la constitution de la 4e République : l'Assemblée nationale, le Sénat, le Haut Conseil de la République, le grand Conseil de l'AOF, les Assemblées territoriales. Entre 1946 et 1956, une intense vie politique marquée par des cycles électoraux réguliers s'active dans les territoires et en métropole.

En Guinée, les premières formations politiques se construisent sur les terreaux des associations ethniques et

---

[17] Il est élu en octobre 1945 à l'assemblée constituante, réélu en juin 1946 dans une nouvelle constituante. Élu député en novembre 1946 avec Mamba Sanoh, réélu en 1951, il décède subitement en avril 1954.

régionalistes ; le Parti progressiste Africain de Guinée (PPAG) fondé en mars 1946 par Fodé Mamoudou Touré et Mamadou Madeira Keita, le Parti socialiste de Guinée (PSG) fondé en septembre 1946 par Mamba Sanoh, l'Union franco-guinéenne (UFG) créée en février 1947 par Yacine Diallo. Le PDG RDA se constitue en mai 1947, le BAG, la DSG, quelques années plus tard en 1954 sont également crées.[18] Pendant la même période, dix-sept (17) joutes électorales furent organisées à des intervalles plus ou moins réguliers pour élire des députés, des sénateurs et des conseillers dans les différentes institutions de représentation de l'Union française ; élections de l'assemblée constituante du 21 octobre 1945, secondes élections de la constituante du 2 juin 1946, élections législatives de novembre 1946, élections du conseil général du 15 décembre 1946, élections des sénateurs ou conseillers de la république de janvier 1947, élections de l'assemblée de l'union française et des grands conseillers de l'AOF de novembre 1947, élections du 14 novembre 1948 pour le renouvellement des conseillers de la république, élections législatives générales de juin 1951, élections territoriales de mars 1952, élections du 2e grand conseil de l'AOF en avril 1952, élections territoriales partielles d'août 1953, élections de la 2e assemblée de l'Union française du 10 octobre 1953, élections législatives partielles de juin 1954, élections législatives du 2 janvier 1956, élections municipales de

[18] Les principales associations à caractère ethnique ou régionaliste sont : l'Amical Gilbert Vieillard, l'Union mandingue, l'Union de la basse côte, l'Union de la forêt, l'Union des métis, l'Union des insulaires. Elles servaient de terreaux électoraux et de canaux de mobilisation pour les principales formations politiques.

novembre 1956[19], élections territoriales de mars 1957.[20] Une véritable culture politique se met en place, des meetings géants sont organisés dans les grandes villes et à Conakry. Des pamphlets et des tribunes sont signés par des hommes de plume chevronnés dans des journaux politiques dédiés. La postérité garde en mémoire les plumes de noblesse politique de Koumandian Keita et de Ray Autra dans les journaux comme Coup de Bambou, Liberté ou Phare de Guinée. Cette période laisse néanmoins en souvenir le début des violences physiques et verbales entre militants politiques pendant les périodes électorales.[21] Plusieurs dizaines de morts et des dégâts matériels importants sont enregistrés lors des élections de 1954, 1956 et 1957. Une tradition de violences qui se perpétuera sous des formes institutionnalisées et sophistiquées le long de toute l'histoire politique de la Guinée.[22]

Ces mutations politiques et sociales dans les colonies s'inscrivaient dans la dynamique des grands bouleversements économiques qui fissurent la France après la Seconde Guerre mondiale. La première puissance coloniale en Afrique a été fortement déstabilisée par la guerre. Le déficit démographique lié aux conséquences de la guerre était estimé à 1,5 million d'habitants, une

---

[19] Cinq (5) communes de plein exercice : Conakry, Kindia, Mamou, Kankan, et N'Nzérékoré. Treize (13) autres communes de moyen exercice : Labé, Siguiri, Dalaba, Boké, Kissidougou, Macenta, Beyla, Kouroussa, Coyah, Dubréka, Forécariah, Pita et Guékédou.

[20] Mémoire de Master de Diallo Mamadou Alpha Mombeya, *les enjeux électoraux en Guinée de 1945 à 1958,* Université de Sonfonia, 2017.

[21] [21] ANG, 7.D.13, Services de police, renseignements, n° 892/371, 18 avril 1957.

[22] On dénombre entre 48 et 70 morts entre 1954 et 1958. Rapport M. Boyer, 4 juin 1958 cité par Charles Bernard « Le rôle de la violence dans la mise en place des pouvoirs en Guinée (1954-1958) », pp. 361-372, in *L'Afrique noire française : l'heure des indépendances*, CNRS Éditions, Paris, 1992,729 p.

hémorragie humaine fragilisant la capacité de production de l'économie française. Son infrastructure économique a été fortement touchée par les bombardements militaires et l'occupation nazie entre 1940 et 1944. La production agricole du pays avait chuté provoquant la famine et le rationnement des distributions alimentaires, l'industrie complètement ravagée, 80 % des installations portuaires détruites, entraînant des conséquences économiques et sociales désastreuses. Entre 1938 et 1944, les prix ont quadruplé provoquant l'inflation, le déficit budgétaire et une aggravation de la dette publique à hauteur de 1756 milliards de francs. Au sortir de la guerre, la France est un pays en ruine, sa puissance et son rayonnement politique s'en trouvent profondément érodés. Ses capacités à maintenir en vie son empire colonial sont remises en interrogation. La priorité des politiques est à la reconstruction du pays, la refondation des institutions et à la restructuration de l'économie.[23]

Au même moment en Afrique, un vent nouveau soufflait des cendres encore fumantes de la guerre en Europe, traduisant en lutte politique les aspirations des peuples à plus de droits. Le congrès de Bamako rassemble en 1946 les élites politiques et syndicales des territoires français d'Afrique noire en vue de créer un parti politique inter territorial. C'est l'acte de naissance du Rassemblement démocratique africain (RDA). Un parti politique fortement marqué à gauche au sein duquel émergera largement la première classe politique africaine, celle qui héritera de la gestion politique des États africains post coloniaux. Des sections territoriales de ce mouvement politique sont créées dans la plupart des territoires français en Afrique noire. Une véritable conscience politique traverse l'Afrique, répercutant à l'échelle locale les grandes fractures

---

[23] Joseph KI-ZERBO, *Histoire de l'Afrique noire d'hier à demain*, Paris, Hâtier, 1978, p.470.

idéologiques et sociales qui structurent la vie politique française. Les partis communistes sont les plus actifs sur le terrain africain par le canal des groupes d'études communistes (GEC). Ils recrutent et forment les classes ouvrières, les syndicalistes sur les enjeux de la lutte des classes, les inégalités et les processus révolutionnaires menant à l'émancipation des peuples.

Ces grandes mutations d'après-guerre sont fortement impulsées par l'émergence des mouvements syndicaux, revendiquant l'amélioration des conditions de vie et de travail des salariés africains. La création de ces syndicats a été autorisée par le décret du 7 août 1944 du gouvernement de la République française. Les premiers syndicats créés entre 1944 et 1945 en Guinée, ont été souvent les prolongements des organisations syndicales métropolitaines. C'est le cas de l'Union des Syndicats confédérés de Guinée (USCG) qui réunissait les travailleurs des PPT, du commerce, des chauffeurs et mécaniciens sous la direction de Sékou Touré. Ce syndicat était affilié à la Confédération générale des Travailleurs (CGT) d'orientation marxiste, la Confédération générale du Travail Force Ouvrière (C.G.T.F.O) de tendance réformiste dirigée en Guinée par N'Fa Touré, la Confédération française des Travailleurs chrétiens (C.F.T.C) de tendance spirituelle dirigée en Guinée par le couple Firmin Koumbassa (secrétaire général) et David Soumah (secrétaire fédéral). À ceux-ci, il faut noter également plusieurs autres syndicats autonomes représentés en Guinée par le syndicat des cheminots, le syndicat des auxiliaires de l'administration, le syndicat du commerce, le syndicat du personnel enseignant, etc. Ces syndicats ont été très actifs dans la mobilisation des populations en faveur du « NON » au référendum du 28 septembre 1958.[24] L'action des syndicats dans le durcissement de la position guinéenne en faveur de l'indépendance est remarquable. Leur forte capacité de mobilisation de la classe ouvrière de plus en plus nombreuse a facilité la dissémination des mots d'ordre en faveur du NON. Au-delà de son fort maillage territorial jusque dans les endroits les plus reculés du pays, le syndicat des enseignants a été d'une précieuse contribution à la fois sur le plan de la production intellectuelle, la sensibilisation des populations, la mobilisation des électeurs et la sécurisation de l'intégrité du vote.[25]

Au lendemain de la Seconde Guerre mondiale, les territoires d'outre-mer africains ont vécu des transformations sociales et politiques profondes. En effet, à partir de 1956, la France a instauré une nouvelle réforme politique sur le système colonial, à travers la loi-cadre de Gaston Defferre sur l'autonomie des territoires. Des assemblées territoriales élues et des conseils de gouvernement assureront désormais la gestion autonome des territoires dans les domaines sociaux et économiques. En Guinée, les élections territoriales de mars 1957 organisées dans le cadre de la loi-cadre portèrent au pouvoir local le PDG-RDA (Parti démocratique de Guinée). Le parti avait obtenu 57 sièges sur les 60 à pourvoir loin devant ses concurrents du BAG et de la DSG réunis au sein du Parti du Regroupement Africain (PRA-UPG). Sékou Touré devenu entre-temps, en 1952, secrétaire général du PDG-RDA en remplacement du premier secrétaire général le Malien Mamadou Madeira Keita devint ainsi vice-président du

[24]Mamadou Alpha Mombeya Diallo, *Les enjeux électoraux en Guinée française de 1945-1958*, mémoire de Master Histoire, Université de Sonfonia à Conakry, 2016, page 28.

[25] Le syndicat des enseignants sera l'un des premières victimes des purges politiques après l'indépendance, avec le complot des enseignants en 1961.

conseil de gouvernement, la présidence du conseil d'office attribuée au gouverneur du territoire. Les premières décisions de son gouvernement portèrent sur la suppression de la chefferie traditionnelle, considérée comme le principal soutien à la base du régime colonial. Un arrêté pris le 31 décembre 1957 par le ministre de l'Intérieur Keita Fodeba supprima la chefferie des 222 cantons que compte le pays. Cette décision sonne le glas de l'effondrement du régime colonial en le privant de sa principale assise et son relais local. Plusieurs historiens estiment que cette rupture avec la féodalité locale a été déterminante dans la victoire du « Non » au référendum le 28 septembre 1958. Cela se comprend d'autant mieux que dans certains territoires comme le Niger ou le Sénégal, des leaders avaient également appelé à voter « Non ». Les chefs traditionnels exercèrent de fortes pressions sur les populations pour orienter leur vote dans le sens du maintien du régime colonial.[26]

C'est au cours de ces grandes mutations politiques d'après-guerre qu'un événement extérieur à la Guinée, la guerre d'Algérie secoua la vie politique en France et contribua d'une manière significative à l'évolution irréversible du statut politique des territoires d'outre-mer. Le général de Gaulle qui avait quitté le pouvoir après la libération de la France est contraint de le reprendre à la suite de la semaine des barricades d'Alger. Pour sortir de cet engrenage sociopolitique, il proposa un projet de nouvelle constitution qui remplacerait l'Union française par une association politique de type fédérale, la future communauté franco-africaine. Un comité constitutionnel consultatif mis en place à cet effet a été chargé de rédiger la nouvelle constitution qui serait approuvée par référendum. Cette nouvelle constitution proposait une communauté

---

[26] Il faut citer dans ce cadre l'action des marabouts au Sénégal en faveur du OUI.

politique au sein de laquelle la France et ses territoires africains parleraient d'une seule voix dans les affaires dites « communes » comme la défense, la monnaie, les affaires étrangères, l'éducation, la gestion des matières premières stratégiques. Par contre, chaque membre « État » préserverait son autonomie interne dans les domaines de la santé, la justice, la sécurité. Le projet prévoyait également des institutions fédérales de représentativité et de règlement des différends.

Au sein de l'espace politique africain deux (2) grands blocs inter territoriaux regroupaient verticalement les principales formations politiques ; le Parti du Regroupement Africain (PRA) et le Rassemblement démocratique africain (RDA). Au congrès de Cotonou en juillet 1958, le PRA s'était prononcé, en dépit des clivages internes, en faveur de « l'indépendance immédiate ». Ce parti revendiquant un « socialisme africain » réunissait des personnalités aux parcours et visions divergents : Lamine Gueye, Léopold Sedar Senghor, Mamadou Dia, Djibo Bakary. Les positions du grand parti RDA sur l'avenir des relations franco-africaines avaient été posées lors d'un congrès ténu en septembre 1957 à Bamako. Plusieurs tendances antagonistes agitaient également le RDA. D'un côté, Sékou Touré et Modibo Keita incarnant la fraction radicale du parti, ils proposèrent l'idée d'une « fédération africaine » dotée « d'exécutifs fédéraux forts et indépendants » ou en « confédération » avec la France. Les idées de cette fraction concourraient à l'unité politique des États africains dans un système fédéral. De l'autre côté, Houphouët Boigny, plus modéré, proposait l'idée d'une « fédération franco-africaine » au sein de laquelle les territoires africains auraient une large autonomie, mais coopéreraient étroitement avec la France. Cette position du leader ivoirien semblait découler plus d'un souci de préservation à l'échelle nationale des ressources économiques de la Côte d'Ivoire, que d'une réelle volonté d'émancipation politique. Un territoire très riche en café et cacao qui pourrait ainsi bénéficier d'une autonomie dans la gestion de ses rentes agricoles. La Côte d'Ivoire et la Guinée française constituaient les poumons économiques de l'empire colonial en AOF. Les choix portés par les leaders politiques de ces deux (2) pays sur l'avenir des relations franco-africaines faisaient l'objet d'une attention particulière au niveau des dirigeants politiques français. Une attention politique qui amènera le général de Gaulle à réintégrer l'étape de Conakry le 25 août 1958 dans son agenda initial, alors qu'elle n'était pas prévue dans son périple africain. [27]

Chacune des tendances politiques du RDA cherchait à faire prévaloir ses positions politiques dans la nouvelle constitution proposée par De Gaulle. Une lutte s'ouvrait entre les fractions quant à la représentativité du RDA au sein du comité constitutionnel. Le choix fut porté sur le Vice-président du territoire du Tchad, Gabriel Lisette, fervent soutien de Houphouët qui sera désigné pour représenter le RDA au sein du comité consultatif constitutionnel. Un choix qui apportait plus de force aux vues de la frange modérée du RDA plus favorable à l'autonomie, au détriment des partisans de l'indépendance. La tension née autour de la représentativité du RDA au sein du comité consultatif marque le début de la fracture politique entre Houphouët Boigny et son ami et protégé Sékou Touré. Ce dernier qui espérait jusqu'au bout porter la voix du RDA au sein du comité constitutionnel s'est senti trahi et abandonné par son mentor politique du RDA. La guerre ouverte entre les deux (2) hommes laissera une

[27] À l'étape d'Abidjan, le Général fut informé de la volonté de Sékou d'appeler à voter NON, il improvisa aussitôt l'étape de Conakry dans l'espoir de pouvoir modifier la position de Sékou Touré.

empreinte clivante au sein du RDA.[28] Sékou Touré affecté dans son ambition se radicalise et choisit après maintes hésitations l'option de l'indépendance immédiate, tout en revendiquant une coopération économique avec la métropole. Les relations entre les deux (2) pays vivront pendant les décennies suivantes les conséquences politiques de cette rivalité au sommet entre Sékou Touré et Houphouët Boigny.

La première mouture de la constitution produite par le comité consultatif ne mentionnait pas le droit à l'indépendance. Sous la pression des radicaux du RDA, le droit à l'indépendance des États membres de la communauté a finalement été ajouté au projet constitutionnel. Ces aménagements opérés sur le texte initial présenté au général de Gaulle en faveur de plus de liberté ne parvinrent pas à contenir les penchants nationalistes de Sékou Touré. Il trouvera l'occasion de l'exprimer au général de Gaulle avec un ton urticant lors du passage de ce dernier à Conakry le 25 août 1958. Profondément vexé apparemment non par le contenu du discours de Sékou Touré que par la tonalité de ce dernier soutenu par les applaudissements d'un public surchauffé, le général de Gaulle affirma en réponse que l'indépendance serait à la disposition de la Guinée si elle votait « Non » le 28 septembre au référendum sur la nouvelle constitution. Par contre, il brandit la menace de retirer toutes les aides de la France à tout territoire qui voterait NON, considéré comme un acte de sécession à la France. Après un temps d'hésitation sur l'opportunité ou non de choisir l'indépendance et soumis à la forte pression de l'aile radicale du PDG, aile composée de syndicats, de femmes,

---

[28] Migani Guia, « Sékou Touré et la contestation de l'ordre colonial en Afrique sub-saharienne, 1958-1963 », *Monde(s)*, 2012/2 (N° 2), p. 257-273. DOI : 10.3917/mond.122.0257. URL : https://www-cairn-info.bibelec.univ-lyon2.fr/revue-mondes1-2012-2-page-257.htm

de jeunes et de paysans, Sékou Touré finit par basculé définitivement vers le « Non » le 14 septembre 1958 à l'occasion d'un meeting tenu à Conakry. Escamotant au passage les menaces du général de Gaulle de couper les ponts économiques avec tout territoire qui choisirait l'indépendance immédiate, le 16 septembre, un accord politique dit « accord de l'hôtel de ville de Conakry » entre Sékou Touré, Barry Diawadou et Barry III, scella l'union politique des grands leaders de la scène politique en faveur de l'indépendance, évitant ainsi à la Guinée, une scission politique de l'intérieur que l'administration coloniale aurait pu exploiter pour faire remporter le « OUI ».[29]

Par ailleurs, Sékou Touré semblait inscrire les menaces du général de Gaulle sur un registre de chantage politique. Il s'appuyait sur l'exemple du Maroc et de la Tunisie, les deux indépendants depuis 1956, mais qui continuaient par contre à bénéficier de l'aide de la France en dépit de leur soutien actif au Front de libération nationale (FLN) en Algérie. Il faut souligner sur ce plan que le « statut colonial » du Maroc et de la Tunisie était diffèrent des autres territoires coloniaux. Ce sont des protectorats régis par un traité qui stipulait pour l'essentiel que « l'État protecteur » contrôle la défense et la diplomatie de « l'État protégé ». Ce dernier préservait par contre toute son autonomie dans la gestion des affaires internes. Par ailleurs, l'aide apportée par la France à ces deux pays s'inscrivait avant tout dans une logique « d'endiguement du communisme » au sein d'un monde arabe en proie à la ferveur révolutionnaire. Dans cette période de guerre froide, les enjeux stratégiques sous le prisme de la lutte

---

[29] Touré Sékou du PDG, Barry Diawadou du BAG, Barry Ibrahima III de la DSG représentaient les leaders des trois (3) principales formations politique à la veille de l'indépendance. Le 17 septembre, un communiqué conjoint des trois leaders appelle les populations à voter NON.

contre l'expansion du communisme en Afrique du Nord primaient les considérations politiques internes dans les territoires sous domination française. La peur d'un vide stratégique en Afrique perçu comme un terreau favorable à l'implantation du communisme traverse toutes les grandes capitales européennes et plus particulièrement en outre-Atlantique.[30]

Une confiance presque naïve s'était établie au sein des milieux politiques en une éventuelle continuité dans les rapports économiques entre la France et une Guinée libre, contrastant avec la peur qui hantait déjà les hommes d'affaires d'origine étrangère qui étaient installés à Conakry. L'inquiétude commençait à gagner les commerçants et les chefs d'entreprises qui redoutaient une rupture imminente avec la France. Éventuellement, qu'une sortie de la Guinée de la zone du franc déstabilise les activités économiques. Ce qui paralyserait tous les échanges économiques entre Conakry et le reste de la zone du franc d'autant plus que depuis la fin de la Seconde Guerre mondiale le territoire de la Guinée avait connu une grande croissance économique soutenue par la production des cultures tropicales (banane, ananas, café…), l'exploitation des mines de bauxite dans les îles de Loos et le minerai de fer à Conakry. Sékou Touré chez qui une certaine angoisse se lisait aussi tente de rassurer les entreprises étrangères présentes en Guinée lors d'une rencontre tenue à la chambre du commerce de Conakry le 20 septembre 1958.

« Notre volonté d'indépendance ne doit pas être interprétée comme une volonté de rupture avec la France. Mes réponses se ressentiront donc forcément de notre

---

30 Migani Guia, « Sékou Touré et la contestation de l'ordre colonial en Afrique sub-saharienne, 1958-1963 », *Monde(s)*, 2012/2 (N° 2), p. 257-273. DOI : 10.3917/mond.122.0257. URL : https://www-cairn-info.bibelec.univ-lyon2.fr/revue-mondes1-2012-2-page-257.htm

intention ferme de rester dans le système français. Il est permis en effet d'espérer que la Guinée aura sa place à côté de la République de Tunisie et du Maroc, dans l'association des États libres que la nouvelle Constitution prévoit en son article 88 ».[31]

Comme on s'y attendait, le 28 septembre 1958 la Guinée vota « Non » à 98 % au référendum et obtint son indépendance le 2 octobre 1958. La menace de suspendre l'aide économique de la France est aussitôt mise en exécution. Le 29 septembre la France annonce le retrait de tout son personnel technique et militaire, la suspension de toutes les aides économiques en faveur de la Guinée. Toutefois, la Guinée resterait dans la zone du franc en attendant la conclusion d'un accord sur les modalités de son maintien dans la zone monétaire. La peur du vide tant redoutée s'empara des hommes politiques et des hommes d'affaires à Conakry. Sékou Touré réalise pleinement à ce moment les difficultés qui l'attendent. Il tente par tous les moyens d'entrer en contact avec le gouvernement français pour le rassurer de sa volonté de continuer à coopérer avec la France. Il demande le maintien de la Guinée dans la zone du franc. Le général de Gaulle figé dans l'affront du 25 août 1958 à Conakry opte pour le maintien d'une ligne dure contre Sékou Touré. Aucun dialogue ou contact ne doit être ouvert avec les nouvelles autorités à Conakry. En revanche, en Afrique, une avalanche de solidarité s'annonce en soutien à la jeune République. Le nouvel État est aussitôt reconnu par le Libéria, le Ghana, l'URSS, les pays arabes

---

[31] Migani Guia, « Sékou Touré et la contestation de l'ordre colonial en Afrique sub-saharienne, 1958-1963 », *Monde(s)*, 2012/2 (N° 2), p. 257-273. DOI : 10.3917/mond.122.0257. URL : https://www-cairn-info.bibelec.univ-lyon2.fr/revue-mondes1-2012-2-page-257.htm
CAEF, Répertoire 1018, dossier B 0062/203, discours prononcé par Sékou Touré à la Chambre de Commerce de Conakry, le 20 septembre 1958.

et le bloc communiste de l'Europe de l'Est. La France traînera les pieds à la reconnaissance officielle (de jure) de la nouvelle République de Guinée, posant comme préalable la résolution des questions économiques, monétaires, le sort réservé aux biens des 3000 Français qui étaient établis en Guinée et l'avenir des projets miniers en développement ou en exploitation.[32] Le 7 janvier 1959, trois (3) accords sont signés entre les deux gouvernements, portant sur la question du maintien de la Guinée dans la zone du franc, ainsi que les modalités de coopération dans les domaines administratifs, techniques et culturels. Ces accords remplissent la déclaration du gouvernement de la France faite le 29 septembre 1958, prenant acte des résultats du référendum et annonçant des mesures immédiates de suspension des crédits, ainsi que le retrait progressif des fonctionnaires français. Les accords du 7 janvier 1959 symbolisent officiellement la reconnaissance politique tacite par la France du nouvel État. En 1963, au terme de cinq ans de relations tumultueuses, les deux (2) pays signeront à nouveau un accord qui règle cette fois-ci la situation des biens des Français nationalisés en 1958. Deux ans après, en 1965, éclate le complot dit des « commerçants » où la France est de nouveau citée, les relations diplomatiques entre les deux (2) pays sont rompues jusqu'en 1976.

Trois (3) mois avant l'indépendance, en juillet 1958, le projet de Boké porté par la société Alcan avait été approuvé par l'Assemblée territoriale, les travaux de construction du projet d'alumine de Fria avaient également démarré en 1956. La Guinée était une colonie riche et pleine de promesses. Les stratèges industriels français rivalisaient de

---

[32] Migani Guia, « Sékou Touré et la contestation de l'ordre colonial en Afrique sub-saharienne, 1958-1963 », *Monde(s)*, 2012/2 (N° 2), p. 257-273. DOI : 10.3917/mond.122.0257. URL : https://www-cairn-info.bibelec.univ-lyon2.fr/revue-mondes1-2012-2-page-257.htm.

plans pour une éventuelle délocalisation de l'industrie aéronautique en Guinée. Le pays offrait le double avantage de posséder un énorme potentiel hydroélectrique et un climat tempéré notamment au Fouta, favorable à l'installation d'une grande communauté d'ouvriers et d'ingénieurs. Le choc du 25 août 1958 entre De Gaulle et Touré dévoie la trajectoire prometteuse de la Guinée. Écartelée entre la volonté de punir la défiance d'un homme politique et l'avenir d'un peuple, la Guinée traîne depuis plus d'un demi-siècle la cicatrice de ce choc entre deux ego. Pour la France, la voie choisie par la Guinée ne devrait pas servir d'exemple pour les autres États restés dans la communauté. Une position également défendue par certains dirigeants ouest-africains. Houphouët Boigny déclarait dans ce sens, le 15 octobre 1958, dans l'hebdomadaire le Carrefour : « Si la France donnait une préférence à ceux qui ont fait sécession contre ceux qui ont choisi la Communauté, alors la sécession guinéenne fera tache d'huile »[33]

Pour éviter l'effondrement du nouvel État, le Ghana indépendant depuis 1957 du Royaume-Uni vint en aide à la Guinée pour faciliter la continuité des services publics. Un prêt de 10 millions de livres sera accordé à la Guinée par N'Krumah pour couvrir les premières dépenses de fonctionnement de la nouvelle administration.[34] Les deux États envisagèrent même le 23 novembre 1958 de poser les bases des futurs « États-Unis d'Afrique ». Il faut rappeler à ce sujet que Paris se montrait méfiant des thèses panafricanistes de N'Krumah, craignant une contagion de ses idées sur la zone francophone ouest-africaine. Le

---

[33] Migani Guia, « Sékou Touré et la contestation de l'ordre colonial en Afrique sub-saharienne, 1958-1963 », *Monde(s)*, 2012/2 (N° 2), p. 257-273. DOI : 10.3917/mond.122.0257. URL : https://www-cairn-info.bibelec.univ-lyon2.fr/revue-mondes1-2012-2-page-257.htm.

[34] Mais seule 1 millions sera effectivement versé à la Guinée.

rapprochement entre Sékou Touré et N'Krumah commençait à inquiéter non seulement Paris, mais aussi Londres. Les deux capitales tentent de constituer un front commun contre ce qu'elles désignent comme le pion du communisme en Afrique de l'Ouest. Le ministre français des Affaires étrangères à l'époque, Maurice Couve de Murville convoqua l'ambassadeur de Londres à Paris afin d'harmoniser leurs positions sur la stratégie à adopter pour barrer la route à toute tentative de constitution d'une « zone monétaire entre Conakry et Accra ».[35] L'étau diplomatique de Londres et Paris se resserre autour de Touré et Nkrumah. Ils sont décrits, à l'image de Patrice Lumumba, comme les caisses de résonnance de la pensée communiste en Afrique.

C-Une Diplomatie militante « Être partout et nulle part »

Pour sortir de cet isolement international, Sékou Touré développe une politique étrangère, tous azimuts. Il signe des accords économiques et militaires avec l'URSS, la Tchécoslovaquie, l'Allemagne de l'Est.[36] En décembre 1959, il effectue une visite d'État à Moscou et obtint un prêt de 140 millions de roubles. Un prêt largement illustratif de la volonté des Soviétiques de prendre la relève politique dans un pays abandonné par la France. Pour les Soviétiques c'est « l'occasion ainsi offerte à Moscou de réaffirmer son soutien à tous les pays africains luttant contre

---

[35] Migani Guia, « Sékou Touré et la contestation de l'ordre colonial en Afrique sub-saharienne, 1958-1963 », *Monde(s)*, 2012/2 (N° 2), p. 257-273. DOI : 10.3917/mond.122.0257. URL : https://www-cairn-info.bibelec.univ-lyon2.fr/revue-mondes1-2012-2-page-257.htm

[36] En décembre 1961, l'ambassadeur français répertorie en Guinée au moins 1200 techniciens provenant des pays communistes (AMAE, Afrique Levant 1960-1965 (Guinée), vol. 62, télégramme de l'ambassade de France à Conakry, 14 décembre 1961).

l'impérialisme européen et américain ».[37] Au cours de la même période, Sékou Touré dans sa logique de non-alignement en politique internationale effectue des visites d'État à Washington, à Bonn et Londres. Sollicitant au passage l'aide économique et commerciale de ces pays du camp de l'Ouest. Il développe en politique étrangère le paradigme du « neutralisme positif ». Dans sa vision, il fallait éviter d'être prisonnier d'une quelconque puissance ; être partout et nulle part, en une présence active à l'international contrastant avec ses relations de voisinage mitigées. D'un côté, il nourrit des relations tendues avec le Sénégal et la Côte d'Ivoire. De l'autre côté, il développe des relations cordiales avec le Libéria. Le président du Libéria William Tubman rencontre à plusieurs reprises Sékou Touré pour harmoniser leurs points de vue sur des sujets divers africains et internationaux. Les deux (2) hommes tentent de construire une alliance stratégique qui ferait poids sur des sujets en rapport avec la question de l'émancipation africaine et la lutte contre l'apartheid.

La proximité idéologique de Sékou Touré avec Patrice Lumumba incita d'ailleurs à cette époque le gouvernement américain à solliciter son implication personnelle pour la résolution de la crise politique qui secouait le Congo. Un engrenage politico-stratégique en Afrique centrale dans lequel les Américains semblaient perdre tout contrôle. C'est l'époque aussi du resserrement des liens avec ses voisins et amis prosocialistes dans un contexte de rivalité croissante avec le Sénégal et la Côte d'Ivoire, alliés de l'Ouest. Il renoua dans ce cadre ses liens avec son « ancien ami » du RDA, Modibo Keita du Mali. Ce dernier venait de rompre, en août 1960, avec le Sénégal, l'éphémère intégration

---

[37] Migani Guia, « Sékou Touré et la contestation de l'ordre colonial en Afrique sub-saharienne, 1958-1963 », *Monde(s)*, 2012/2 (N° 2), p. 257-273. DOI : 10.3917/mond.122.0257. URL : https://www-cairn-info.bibelec.univ-lyon2.fr/revue-mondes1-2012-2-page-257.htm.

politique au sein de la Fédération du Mali. Ainsi, le Ghana, la Guinée et le Mali envisagèrent en décembre 1960 la création d'une union politique. C'est la preuve d'un renforcement progressif de la présence de la Guinée sur la scène internationale en dépit de ses relations complexes avec l'ancienne puissance coloniale.[38]

Les relations avec la France se dégradaient davantage tout au long de l'année 1959 en lien avec le développement du conflit en Algérie. En effet, en août 1959, la Guinée reconnut le gouvernement de la République provisoire algérienne. Elle vote aux Nations-Unies une résolution condamnant la France sur la guerre en Algérie, dénonçant au passage la stratégie d'essai nucléaire de la France dans le grand Sahara. En conséquence, la coopération monétaire jusque-là épargnée est rompue entre les deux pays. La Guinée est contrainte de sortir de la zone du franc en mars 1960. La France réagit à cette sortie en saisissant les réserves monétaires encaissées dans l'agence de la Banque Centrale des États de l'Afrique de l'Ouest (BCAO) à Conakry.[39] Ce maintien paradoxal de la Guinée dans la zone monétaire du franc depuis l'indépendance s'expliquait essentiellement par la présence des entreprises françaises dans les industries extractives. Ces montants en devises non négligeables investis en Guinée par un consortium d'entreprises étrangères[40] étaient versés au niveau du fonds

[38]Migani Guia, « Sékou Touré et la contestation de l'ordre colonial en Afrique sub-saharienne, 1958-1963 », *Monde(s)*, 2012/2 (N° 2), p. 257-273. DOI : 10.3917/mond.122.0257. URL : https://www-cairn-info.bibelec.univ-lyon2.fr/revue-mondes1-2012-2-page-257.htm

[39]Migani Guia, « Sékou Touré et la contestation de l'ordre colonial en Afrique sub-saharienne, 1958-1963 », *Monde(s)*, 2012/2 (N° 2), p. 257-273. DOI : 10.3917/mond.122.0257. URL : https://www-cairn-info.bibelec.univ-lyon2.fr/revue-mondes1-2012-2-page-257.htm

[40] Françaises, anglaises, américaines, suisses, allemandes.

de stabilisation des échanges garantissant la stabilité du franc CFA.[41]

Pour le gouvernement français, si cette sortie de la Guinée de la zone du franc était couronnée de succès, les autres pays pourraient s'en prévaloir pour quitter le giron économique de la France. Ainsi, des actions de déstabilisation économique de la Guinée sont à cet effet engagées par les services secrets français.[42] L'ambassadeur André Lewin cite également dans ses mémoires, la fameuse opération de déstabilisation monétaire de la nouvelle monnaie guinéenne déployée par les services spéciaux français. La fameuse opération militaire PERSIL en préparation à la frontière sénégalo-guinéenne éclate au grand jour, impliquant des officiers militaires français travaillant dans les réseaux Foccart. Mamadou Dia, Président du conseil, adresse une lettre au gouvernement de la France protestant contre la déstabilisation d'un pays voisin à partir du territoire sénégalais.

Les relations entre la Guinée et les grandes puissances du monde connaissent également des remous révélateurs d'une certaine ambivalence diplomatique chez Sékou Toué. En 1961, l'ambassadeur de Moscou à Conakry Daniel Soled est expulsé du pays accusé de comploter contre le régime en lien avec des enseignants de gauche grévistes. Des enseignants renommés dont Djibril Tamsir Niane, Koumandian Keita, Baldé Mountaga, Ibrahima Kaba Bah sont arrêtés et condamnés à des peines de prison lourdes.

---

[41] Migani Guia, « Sékou Touré et la contestation de l'ordre colonial en Afrique sub-saharienne, 1958-1963 », *Monde(s)*, 2012/2 (N° 2), p. 257-273. DOI : 10.3917/mond.122.0257. URL : https://www-cairn-info.bibelec.univ-lyon2.fr/revue-mondes1-2012-2-page-257.htm

[42]Migani Guia, « Sékou Touré et la contestation de l'ordre colonial en Afrique sub-saharienne, 1958-1963 », *Monde(s)*, 2012/2 (N° 2), p. 257-273. DOI : 10.3917/mond.122.0257. URL : https://www-cairn-info.bibelec.univ-lyon2.fr/revue-mondes1-2012-2-page-257.htm.

Les écoliers entrent en grève en soutien à leurs enseignants. Les écoles sont fermées pendant trois (3) mois. C'est le début de la mise en marche de la machine de répression politique qui engloutira des milliers de Guinéens.[43] Au sein du PDG, Sékou Touré est confronté à la pression croissante de l'aile gauche de son parti plus favorable à un rapprochement poussé avec Moscou. En effet, Moscou s'offusque de l'ambiguïté diplomatique de Sékou Touré dans son rapprochement avec les États-Unis. C'est dans ce brouillage de positionnement idéologique qu'une crise géopolitique planétaire a failli faire basculer le monde dans une catastrophe nucléaire. Une crise géopolitique majeure impliquant à la fois Moscou et Washington éclate en 1962 lors de la « crise des missiles de Cuba ». La Guinée refuse aux Soviétiques l'utilisation de l'aéroport de Conakry comme base opérationnelle. Les États-Unis saisissent cette grisaille dans les relations tendues entre Moscou et Conakry pour intensifier leurs rapports de coopération économique avec la Guinée, dans l'espoir de pouvoir garder sous leur contrôle un pays abandonné par la France et convoité par les pays de l'Est.[44] C'est ainsi que, selon François Durpaire, la Guinée passe du 7e au 2e rang des pays bénéficiaires de l'aide économique des États-Unis en Afrique subsaharienne. Pour récompenser cette défiance de Sékou Touré à l'égard de Moscou, la Guinée est admise comme membre du groupe de la Banque Mondiale à partir de 1963 et bénéficiera du soutien et de la garantie des États-

[43] Faute de documents, aucun chiffre exact ne peut être établi pour le moment sur le nombre de morts entre 1958-1984.

[44]Migani Guia, « Sékou Touré et la contestation de l'ordre colonial en Afrique sub-saharienne, 1958-1963 », *Monde(s)*, 2012/2 (N° 2), p. 257-273. DOI : 10.3917/mond.122.0257. URL : https://www-cairn-info.bibelec.univ-lyon2.fr/revue-mondes1-2012-2-page-257.htm. Les télégrammes du département d'État à l'époque le considère comme fréquentable, raisonnable et moins dangereux. FRUS 1961-1963, vol. xxi, Circular Telegram from the Department.

Unis en faveur de la création de la Compagnie des Bauxites de Guinée. La création d'une compagnie minière de cette envergure dans un pays socialiste dépasse donc les logiques purement économiques ou commerciales. Les enjeux stratégiques en rapport avec la guerre froide se greffent et surpassent la logique de recherche des matières premières. Les investissements nécessaires au démarrage de cette compagnie, comme nous le verrons plus loin, étaient énormes et financièrement risqués eu égard à l'orientation socialiste de la Guinée. Des facteurs stratégiques et sécuritaires plus importants encore les justifieraient.[45]

En revanche, pour limiter cette nouvelle influence américaine en Guinée qui pourrait déborder sur toute la région francophone ouest-africaine, la France se résout finalement à répondre au souhait de rapprochement avec la Guinée exprimé par Sékou Touré. En 1963, un nouvel accord est signé entre Paris et Conakry pour régler tous les contentieux financiers latents depuis l'indépendance. Cependant, cet accord est très rapidement dénoncé en 1965 par Sékou Touré, accusant à nouveau la France de comploter avec les « commerçants » pour renverser son régime. Mamadou Touré dit « Petit Touré » est arrêté avec des dizaines d'autres opérateurs économiques. C'est la rupture totale pendant plus de dix ans des relations diplomatiques entre les deux (2) pays.

La rupture totale des relations entre la France et la Guinée se conjugue paradoxalement à un refroidissement des relations entre Sékou Touré et Moscou. Une ambiguïté diplomatique qui laissait par conséquent une plus grande marge de manœuvre aux États-Unis, profitant de ce brouillage stratégique pour développer un large domaine de coopération économique avec la Guinée. La Compagnie des Bauxites de Guinée sera le fruit de ce rapprochement

---

[45] François Durpaire, *Les États-Unis ont-ils décolonisé l'Afrique noire francophone ?* Paris, Harmattan, 2004, p. 243-244.

géopolitique entre les deux pays. Cette coopération stratégique résistera à toutes les tragédies politiques que la Guinée connaîtra par la suite : les purges politiques, le camp Boiro, l'extorsion des aveux par la torture des prisonniers, les scènes de pendaisons publiques consécutives à l'agression de 1970[46], quitte même pour les États-Unis à subir docilement les invectives de Sékou Touré contre l'impérialisme américain au Vietnam, ainsi que les agressions verbales à l'encontre de l'ambassadeur des États-Unis à Conakry après le coup d'État contre N'Kwamé Nkrumah et l'expulsion des Peace Corps à la suite de la séquestration du Premier ministre Lansana Béavogui à Accra lors d'une escale d'avion alors qu'il se rendait à Addis Abeba. Sékou Touré renonce de même à la participation de la Guinée au renouvellement de la convention d'association des anciennes colonies françaises à la Communauté économique européenne (CEE). Dans une posture de panafricaniste, il rejoint le Maroc, l'Algérie, le Soudan, le Mali, et la Libye pour former le groupe progressiste d'États appelé groupe de Casablanca, ce dernier opposé idéologiquement à celui dit de Monrovia composé d'États modérés. Ces deux tendances politiques constituèrent le 25 mai 1963 sous la médiation de l'empereur d'Éthiopie Hailé Sélassié, l'Organisation de l'Unité africaine (OUA).[47]

La politique étrangère de la Guinée change constamment tout au long des premières années après l'indépendance. Elle s'adapte à l'évolution des enjeux internationaux et aux

---

[46] Le 25 janvier 1971, selon les chiffres diffusés par la voix de la révolution, repris à l'époque par plusieurs médias internationaux, 90 personnes condamnées à mort par un tribunal populaire révolutionnaire sont pendues dans toutes les villes du pays.

[47]Migani Guia, « Sékou Touré et la contestation de l'ordre colonial en Afrique sub-saharienne, 1958-1963 », *Monde(s)*, 2012/2 (N° 2), p. 257-273. DOI : 10.3917/mond.122.0257. URL : https://www-cairn-info.bibelec.univ-lyon2.fr/revue-mondes1-2012-2-page-257.htm

intérêts économiques du pays. Le départ massif des entreprises françaises du pays après l'indépendance a ouvert la voie à une compétition économique entre Soviétiques et Américains pour l'exploitation du potentiel minier du pays, ceci sur fond de guerre froide et de récupération idéologique des nouveaux États nés de la décolonisation. La Guinée joue la carte de ses ressources minières qui intéressent tant bien les entreprises américaines que celles soviétiques, pour l'alimentation de leurs industries stratégiques de l'armement et de l'aéronautique. Le tournant de 1962 dans la géopolitique mondiale de la guerre froide a été un révélateur de la position géostratégique de la Guinée. L'aéroport de Conakry apparaît d'un atout opérationnel géostratégique dans une éventuelle guerre entre Soviétiques et Américains autour de Cuba. Les États-Unis ont à cette occasion compris l'enjeu éminemment stratégique et sécuritaire de garder sous leur contrôle le territoire de la Guinée. L'un des meilleurs outils à leur disposition pour cette fin réside dans la prise de contrôle financier du secteur minier de la Guinée, dont les revenus sont vitaux pour le financement des besoins du pays. D'une manière globale, le gouvernement américain s'employait à réinvestir, sur le plan économique et dans des cas extrêmes sur le plan militaire, la plupart des États africains laissés libres en 1960 par les puissances coloniales européennes. L'opération militaire « dragon rouge » américano-belge déployée au Katanga à l'est du Congo en 1964 est éclairante à ce sujet. On note à ce niveau une présence active de la CIA pour protéger les intérêts miniers de la Belgique, un allié au sein de l'OTAN. Une opération qui aboutira tristement à la tentative de sécession de la province et à l'élimination physique du Premier ministre Patrice Lumumba.

CHAPITRE II

Politique étrangère américaine en Afrique et stratégie de récupération politique de la Guinée après 1958

SECTION 1.1. LA GUINÉE, CHAMP DE BATAILLE DES TITANS.

Les États-Unis, une ancienne colonie anglaise qui n'a disposé à proprement parler de colonies, ont toujours affiché une attitude anticoloniale sur la scène internationale au nom du principe de la libre autodétermination des peuples. Par contre, cette politique idéaliste contraste avec leurs attitudes impériales en Amérique latine et aux Philippines à la fin du XIXe siècle. En effet, Le Libéria, depuis sa fondation en 1847 par une organisation philanthropique américaine, a toujours été présenté comme un État sous la domination politique et culturelle des États-Unis. Une influence qui s'est exercée par le truchement des Afro-Américains qui contrôlaient toute la vie politique, culturelle et économique du Libéria. Nonobstant cette particularité du Libéria, les États-Unis étaient dans les faits en retrait sur la scène politique africaine francophone jusqu'à la fin de la Seconde Guerre mondiale. La présence remarquée d'un consul américain à Dakar capitale de l'AOF pendant la période coloniale s'inscrivait dans un registre purement symbolique. Cependant, au lendemain des indépendances, dans un contexte international de guerre froide entre les États-Unis et l'URSS, l'Afrique devint un terrain d'enjeux politiques, stratégiques et économiques entre ces deux (2) grandes puissances du monde. Pour comprendre cette réorientation de la politique américaine en Afrique pendant cette période, nous allons particulièrement nous intéresser à la Guinée. À ce sujet, une réflexion menée par Marine Lefebvre sur les différentes formes de soutien américain à la francophonie est d'une éclairante compréhension.

A. La Guinee, « l'enfant terrible à Washington »

Ancienne colonie française d'Afrique occidentale, après l'indépendance proclamée le 2 octobre 1958 dans un climat de déviance à l'égard de Paris, la Guinée subit la pression de la France. Celle-ci agit sur ses alliés européens et américains, en vue d'empêcher tout contact avec les nouvelles autorités de Conakry. Après la guerre, les États-Unis s'affichent comme promoteur du droit à l'autodétermination des peuples. Face aux menaces de Paris, ils traînèrent ainsi des semaines avant de reconnaître le nouvel État. Au-delà d'une simple reconnaissance officielle, le général de Gaulle brandit la menace de quitter l'OTAN si l'administration Eisenhower avançait plus profondément dans les contacts bilatéraux avec la Guinée. Il a fallu attendre le mois de mai 1959, après l'envoi par le Président Eisenhower d'un télégramme à Sékou Touré, pour que Washington reconnaisse officiellement la Guinée et ouvrit sa première ambassade à Conakry.[48]

« Cher monsieur [...] ; me référant aux aimables messages que vous m'avez adressés le 2 octobre et le 13 octobre j'ai le grand plaisir de vous renouveler les vœux très sincères que je formule pour l'avenir de la Guinée et qui vous ont déjà été transmis par notre consul général à Dakar, et de vous faire savoir que le gouvernement des États-Unis

[48] Marine, Lefèvre, *le soutien américain à la francophonie* : enjeux africains, 1960-1970, Paris, éditions presses de sciences po ; 2010, p.72.

reconnaît formellement votre gouvernement. Sincèrement ». [49]

Le premier objectif diplomatique du gouvernement de Sékou Touré était de conduire son État au palais de verre de Manhattan pour son admission au sein de l'Organisation des Nations Unies. Cependant, si les pays du tiers monde et ceux du bloc de l'Est s'empressèrent de reconnaître la Guinée comme État libre et d'y déployer rapidement des missions diplomatiques et de coopération, les États-Unis et les pays du bloc de l'Ouest alliés à la France, semblèrent hésiter à aller au-delà d'une reconnaissance officielle par télégramme. Pour briser ce blocus diplomatique imposé par la France, le Président Sékou Touré entama une offensive diplomatique à travers le monde pour obtenir des soutiens politiques, diplomatiques et économiques indispensables à la survie du nouvel État. Au mois de novembre 1959, il fait appel à Diallo Telli, brillant intellectuel en service au grand conseil de l'AOF à Dakar, pour effectuer une tournée diplomatique aux Nations-Unies, à New York et à Washington, afin d'obtenir le parrainage des États-Unis pour l'admission de la Guinée comme membre de l'Organisation des Nations-Unies. Face à la pression constante de la France, les États-Unis déclinèrent la proposition faite par la Guinée pour son parrainage, mais promirent tout de même de ne pas faire obstacle au sein du Conseil de Sécurité au moment du vote pour l'adhésion de la Guinée. Après plusieurs tractations diplomatiques, elle finit par obtenir le parrainage de l'Irak et du Japon et devint le 82e membre de l'Organisation des Nations Unies le 12 décembre 1958.

L'année suivante précisément en février en 1959 la mission diplomatique américaine à Conakry commença à

---

[49] Cité par LEWIN André, *Ahmed Sékou Touré (1922-1984), Président de la Guinée de 1958 à 1984*, Paris, Harmattan, 2010, Volume I, p. Chapitre 38. 27 Octobre 1959.

fonctionner sous l'autorité consulaire de Donald Dumond, jusque-là le consul des États-Unis à Dakar. Il est remplacé quelque temps après par Robert Watland Rinden comme ambassadeur à Conakry. Le 30 juin 1959, John H. Morrow est nommé comme premier ambassadeur plénipotentiaire en Guinée, une semaine après le passage à Conakry de Satterthwaite, Secrétaire d'État adjoint aux affaires africaines.[50] C'est le début de la construction d'un axe diplomatique et stratégique solide entre Conakry et Washington qui résistera à toutes les péripéties de la guerre froide et aux dérives politiques internes de Sékou Touré. Les États-Unis resteront en Guinée accrochés à la bauxite de Boké, apeurés par la présence soviétique et contraints de complaire à Paris, leur allié au sein de l'OTAN.

Dans ce contexte international de guerre froide entre les USA et l'URSS pour la conquête de zones d'influences idéologiques en Afrique, les Américains frémissaient d'inquiétudes au sujet de la situation politique de la Guinée après le départ de la France. En effet, les fortes offensives politiques et économiques des Soviétiques à Conakry depuis l'indépendance du pays sont perçues par les États-Unis comme une menace stratégique. Les Américains tentent ainsi de reprendre la situation politique en Guinée en se proposant de réaliser le barrage de Konkouré, initié par la France pendant la période coloniale pour développer une industrie d'aluminium. Cela aurait permis la mise en valeur des ressources bauxitiques exceptionnelles de la région de Boké. Les États-Unis renoncèrent au projet à cause des pressions exercées par le général de Gaulle. Il menace de quitter l'OTAN si les Américains réalisaient ce projet vital pour l'industrie minière. La Guinée choisit au terme de plusieurs discussions de donner le barrage

---

[50] Cité par LEWIN André, *Ahmed Sékou Touré (1922-1984). Président de la Guinée de 1958 à 1984*, Paris, Harmattan, 2010, Volume I, p. Chapitre 38. 27 Octobre 1959.

hydroélectrique aux Soviétiques, qui, malheureusement, finirent à leur tour par abandonner le projet sous les pressions constantes du général de Gaulle.

Malgré le retrait de Moscou à ce gigantesque projet énergétique, le bloc de l'Est reste le premier partenaire économique, culturel et militaire de la Guinée durant les premières années après l'indépendance. Le Parti démocrate en campagne aux États-Unis s'insurge sévèrement contre cette attitude passive des Républicains (Eisenhower) en Guinée, elle laissait un champ libre à la progression du communisme en Afrique de l'Ouest. Les États Unis (Eisenhower), embourbés dans une période de « tensions idéologiques » en Europe, dans leur détermination à endiguer le communisme, avaient plus que jamais besoin de l'appui stratégique de la France face à Moscou. Une inquiétude stratégique qui rendait difficile tout rapprochement politique avec Conakry au risque de mécontenter Paris.

Les enjeux stratégiques, politiques et économiques en Afrique sont représentés par l'establishment américain sous un spectre faible par rapport à ceux en cours en Europe. Par ailleurs, l'Afrique est reléguée comme un « pré carré » des anciennes puissances coloniales françaises et anglaises particulièrement. Les États-Unis restent donc spectateur passif de la scène politique en Guinée à la fin des années 50 et au début des années 60, nonobstant l'envoi sur place de quelques agents de la CIA et la réception de Sékou Touré à Washington en visite officielle en octobre 1959, accompagné par une forte délégation ministérielle. Pour Washington toute progression des relations bilatérales avec la Guinée dépendrait de l'évolution des rapports franco-guinéens. [51]

---

[51] Marine, Lefèvre, *le soutien américain à la francophonie* : enjeux africains, 1960-1970, Paris, éditions presses de sciences po ; 2010, p.72.

En novembre 1960, l'élection de Kennedy à la maison blanche modifie complètement les rapports entre les États-Unis et la Guinée. L'Afrique réapparaît au centre des intérêts stratégiques américains dans le cadre de la lutte contre le communisme. Il faut noter qu'en 1957, le vice-président Richard Nixon après un voyage en Afrique rappelait déjà au président Eisenhower les enjeux géostratégiques du continent pour les États-Unis.[52] Il est important sur cette question de comprendre déjà l'attention très marquée de Washington pour la Guinée. Profitant des tensions diplomatiques qui éclatent entre Moscou et Conakry en 1961, à la suite de la dénonciation d'un complot des enseignants d'orientation marxiste accusés d'être à la solde de Moscou, Sékou Touré expulse l'ambassadeur de l'URSS à Conakry, Daniel Soled, et des dizaines d'enseignants sont arrêtés et condamnés à des peines de prison très lourdes.[53]

Par ailleurs, en 1962 au cœur de la crise des missiles de Cuba, les Soviétiques tentent d'utiliser le territoire guinéen comme base d'appui aux opérations militaires en développement à Cuba. La Guinée refusera aux Soviétiques l'utilisation de l'aéroport de Conakry comme base opérationnelle. Cette position géostratégique de la Guinée sur les routes commerciales atlantiques sera un autre facteur décisif dans les relations américano-guinéennes. Les Américains craignent toute récupération à des fins militaires du territoire de la Guinée située à 9000 km en face des côtes de Washington. Les rampes de lancement de missiles désinstallées à Cuba pourraient être réinstallées à

[52] *Le cours du développement de l'Afrique pourrait s'avérer être le facteur décisif dans le conflit entre les forces de la liberté et le communisme international »* (Notre traduction).Alusine Jalloh and Toyin Falola, *eds. The United States and West Africa: History, Policy and Business Relations). Rochester: University of Rochester Press.*

[53] Marine, Lefèvre, *le soutien américain à la francophonie* : enjeux africains, 1960-1970, Paris, éditions presses de sciences po ; 2010, p.73.

Conakry. Cette hypothèse est d'un enjeu de sécurité nationale de premier plan pour les États-Unis. C'est le point nodal dans la création de la Compagnie des Bauxites de Guinée en octobre 1963 avec une importante participation de capitaux américains.

À partir de 1963, on note une évolution dans la perception américaine de la situation politique en Guinée. Les enjeux économiques et stratégiques des États-Unis en Guinée semblaient avoir pris le dessus sur leurs rapports stratégiques avec Paris en Europe. Rappelons que la Guinée est un pays doté en ressources minières importantes, elle détient les 2/3 des réserves mondiales de bauxite, le principal minerai de l'aluminium. Ce métal a connu un développement considérable pendant la seconde Guerre mondiale grâce à l'expansion de l'industrie de l'armement et de l'aéronautique. Dans ce contexte de guerre froide marqué par une course folle aux armements et une compétition économique sans précèdent entre les USA et l'URSS, la recherche d'une source d'approvisionnement sûre et durable en matières premières demeure un enjeu de premier plan pour les États-Unis.

En 1950, la guerre de Corée éclate, opposant les forces américaines aux Soviétiques par des alliés interposés, les Sud-Coréens proaméricains et les Nord-Coréens prosoviétiques. Toutes les ressources économiques, industrielles des États Unis sont mobilisées pour participer à l'effort de guerre. Le Président Truman fait voter une loi fédérale le 8 septembre 1950 sur la défense nationale : La Défense Production Act (DPA). La loi instaure un système prioritaire de production, de distribution, de répartition des matériaux et des installations industrielles sur le territoire national. Tout en autorisant une réquisition des productions en cas d'urgence, elle octroie une aide financière pour l'extension des capacités de production, la stabilisation des prix et des salaires, toutes mesures concourant à faciliter la production de biens et services indispensables à la sécurité nationale. La loi est utilisée pour la première fois pendant la guerre de Corée pour assurer la mobilisation des industries à l'effort de guerre. Elle jouera un rôle essentiel dans la consolidation de l'industrie de l'aluminium et du titane. Le département de la défense exploitera cette occasion pour accorder aux entreprises américaines des prêts sans intérêts et des appuis politiques à l'étranger à travers le département d'État, pour soutenir les industries minières associées au complexe militaro-industriel.[54]

Dans cette dynamique, le gouvernement américain accorde des appuis aux compagnies minières productrices d'aluminium, sous forme de garantie en faveur des investissements dans des pays jugés à risque ou des facilités octroyées pour l'obtention de prêts auprès des banques, mais également pour contracter des marchés pour l'absorption de l'offre industrielle. Cet appui est vital pour les entreprises américaines en concurrence avec les firmes européennes pour le contrôle du marché mondial de l'aluminium. Alcoa bénéficie à ce titre d'un contrat qui lui garantit au nom de la loi DPA de 1950, un monopole sur l'achat de sa production industrielle par les autorités fédérales. L'arrivée des Kennedy au pouvoir fait basculer cette possibilité de débouchés en faveur des Harvey dont ils sont proches. L'industrie de l'aluminium connaît une accélération sans précédent. [55]

Le secteur en amont des alumineries connaît également des mutations économiques bouleversantes : les sources d'approvisionnement des compagnies américaines en Amérique latine et dans les Caraïbes sont en voies d'épuisement ou jugées de mauvaise qualité. Les réserves

---

[54] Source : Wikipédia, la loi sur la production de la défense, consultée le 3 novembre 2021.

[36] Source : Wikipédia, consulté le 3 novembre 2021.

guinéennes en bauxite les plus riches au monde, facilement accessibles, situées à proximité des sources d'énergie hydroélectrique potentiellement rentables, offrent tous les avantages compétitifs recherchés par les firmes multinationales de l'aluminium.

La bauxite guinéenne avait déjà été prospectée par la firme Alcan, une entreprise fondée en 1928 par les actionnaires d'Alcoa pour développer sa branche internationale d'approvisionnement en matière première. En 1950, au nom de la loi anti monopolistique le « jugement Knox » oblige les actionnaires à séparer leurs investissements dans les deux (2) firmes.[56] L'entreprise entreprit dans l'entre-deux-guerres des prospections en Guinée à travers sa filiale française Bauxite du Midi. Une installation industrielle de concassage et de séchage de la bauxite est développée à Kassa. Les expéditions de bauxite atteignent en 1960 le chiffre de 540.000 tonnes. Parallèlement la compagnie avait découvert dans la région de Boké un « eldorado bauxitique », d'une teneur de près de 60 % d'alumine pratiquement unique au monde. En novembre 1956, Alcan annonce son projet d'investir 100 millions de dollars dans un complexe industriel à Boké, comprenant une mine de bauxite de 1.500.000 tonnes de bauxite et une usine d'affinage d'alumine de 230.000 tonnes. Une partie des études techniques sur le tracé du chemin de fer et l'emplacement du port sont bouclées avant la fin de l'année 1956. Les négociations sont ouvertes avec le gouvernement autonome de la loi-cadre sur les contours définitifs du projet. En juillet 1958 une convention est signée avec Bauxite du Midi (Alcan) portant sur les infrastructures du projet, la production de 1.500.000 tonnes de bauxite et le raffinage de 220.000 tonnes d'alumine.

---

[56] Philippes Petitpas in *les filiales françaises dans les stratégies internationales d'Alcan*, page 22, cahiers d'histoire de l'aluminium, 2014.

Énergie électrique de Guinée, filiale d'Électricité de France (EDF) entame des études sur la construction d'un barrage hydroélectrique sur le Konkouré. Pechiney en phase avancée dans le développement d'un projet d'usine d'alumine dans la région de Fria est également intéressée par ce projet hydroélectrique.[57]

L'indépendance de la Guinée le 2 octobre 1958 bouleverse tous les plans d'Alcan. Face aux risques politiques et le basculement à l'Est du régime de Sékou Touré, Alcan cherche à constituer en 1959 un consortium avec d'autres entreprises internationales : Alcoa, Kaiser, Olin Mathieson, Reynolds, Pechiney, VAW. Le coût du projet est réévalué à 200 millions de dollars, au grand étonnement des entreprises américaines qui espéraient s'appuyer sur la loi PDA afin de décrocher le soutien politique et financier du gouvernement américain. En août 1961, Washington annonce paradoxalement son refus d'accorder un soutien financier au projet. Toutes les tentatives de renégociation entamées par Alcan échouent face l'intransigeance du gouvernement guinéen sur la transformation sur place de la bauxite. Elle met ainsi fin à la convention signée en juillet 1958 entre Alcan et le gouvernement local autonome de la loi-cadre pour la mise en valeur des bauxites de Boké. Les actifs d'Alcan en Guinée évalués à 23 millions de dollars à travers les activités de sa filiale Bauxite du Midi sont également nationalisés pour non-respect dit-on des engagements pris en 1961 : Alcan se serait engagée à transformer localement la bauxite qu'elle exploitait à Kassa. C'est le début d'un contentieux financier entre l'État guinéen et la société Alcan dont le dénouement reste encore peu connu. Certaines sources internes d'Alcan reprises par Philippes

---

57 Philippes Petitpas, *les filiales françaises dans la stratégie internationale d'Alcan*, in cahier d'histoire de l'aluminium, page 7, 2014.

Petitpas dans le cahier d'histoire de l'aluminium nous informent que le gouvernement aurait attribué 10 millions dollars d'actifs à Alcan dans le capital de la CBG en 1966 pour son dédommagement.

C'est dans ce mouvement global de repositionnement stratégique pour la recherche des matières premières indispensables à l'industrie de l'armement et de l'aéronautique qu'intervint sur la scène guinéenne une petite société industrielle de Californie, la Compagnie Harvey Aluminium Company, proche des Démocrates. Elle venait de construire une usine d'alumine dans les îles Vierges et cherchait une source d'approvisionnement viable en matière première. Grâce à l'appui de Washington elle se lance dans la conquête de la bauxite guinéenne située dans la région de Boké. Le gouvernement américain de Kennedy use de tous ses moyens d'influence pour soutenir la Compagnie Harvey en course avec les plus grandes multinationales de l'aluminium, notamment : Alcan, Alcoa, Pechiney, VAW pour l'obtention du projet de Boké.

Cette fois-ci, le gouvernement américain soutient activement le projet d'exploitation de bauxite démarché par Harvey. Un accord politique et stratégique est signé au plus haut sommet entre les deux (2) États pour établir des garanties réciproques, même si les termes de cet accord restent encore non accessibles au public. Larry Harvey déploie un diplomate américain auprès de Sékou Touré pour obtenir l'atténuation de la position du gouvernement sur la construction d'une usine d'alumine à Boké. En contrepartie de ce renoncement à la transformation sur place du minerai, Harvey offrira gratuitement à la Guinée en 1966 une usine d'ustensiles et de tôles ondulées, une opération de relation publique de Harvey pour désaltérer le nationalisme industriel de Sékou Touré.[58]

Au terme de cette bataille économique et diplomatique entre les géants de l'aluminium, la Guinée signe avec la Compagnie Harvey, le 1er octobre 1963, une convention pour l'exploitation des immenses réserves de bauxite de Boké. Cette convention crée la société mixte dénommée Compagnie des Bauxites de Guinée (CBG). La convention octroie à Harvey l'exploitation des immenses gisements de bauxite de Boké. Nous remarquons qu'immédiatement après les États-Unis accordent des avantages et garanties à la Guinée pour faciliter l'obtention de crédits auprès des institutions financières internationales. La Guinée est admise à la Banque Mondiale et bénéficie de prêts et garanties de l'USAID pour les études techniques des infrastructures du projet.[59] L'agence américaine offre également à la Guinée des surplus alimentaires : du lait en poudre, du sucre, de la farine, du riz, pour couvrir les besoins alimentaires de la population affectée depuis 1958 par des pénuries régulières. Sous le mandat de Kennedy, on assiste à une augmentation substantielle de l'aide au développement américain en Guinée. Cette dernière va bénéficier d'une « assistance technique de l'AID et d'une aide financière du programme Food for Peace. La Guinée accepte même d'accueillir les volontaires américains du Peace corps ». À partir de cette période, l'enveloppe financière de toute la coopération américaine en Guinée s'élevait à 20 millions de dollars par an.[60] Entre 1963 et 1967, l'aide américaine s'élèvera à 100 millions de dollars

---

[58] Philipe Petitpas, *les filiales françaises dans la stratégie internationale d'Alcan*, in cahier d'histoire de l'aluminium, page 9, 2014.

[59] Un premier prêt de 1,5 millions de dollars.

[60] S'ajoutant à un premier don de 1500 tonnes de riz, et une autre aide alimentaire de 2 millions de dollars annoncée lors du passage du Secrétaire d'État Satterthwaite à Conakry en juin 1959.

et prendra plusieurs formes : assistance technique pour le développement du pays, dons de vivres accordés par l'USAID et l'assistance financière pour l'importation de matériels d'origine américaine. Cette aide dépasse de loin pour la même période les montants accordés à des pays réputés modérés alliés de l'Occident, comme la Côte d'Ivoire ou le Sénégal. Les États-Unis devinrent ainsi le premier partenaire économique de la Guinée.[61] Ceci dénote de l'accroissement des enjeux économiques américains en Guinée durant cette période. Les firmes industrielles américaines Mathieson Oïl en 1958 et Noranda en 1970 souscrivent même des participations dans le capital de la société Fria[62], la première usine d'alumine en Afrique, l'un des rares projets ayant survécu à la crise politique franco-guinéenne de 1958. Ce soutien considérable américain à un régime dont l'idéologie et le discours officiel sont très marqués à l'Est enregistra des critiques au sein de l'opinion publique américaine très affectée par la guerre du Vietnam.

Cependant, malgré cette évolution relative des rapports stratégiques Guinée américains et l'augmentation de l'aide américaine à la Guinée, nous distinguons un souci des Démocrates d'évitement de toute collusion avec la sensibilité de Paris sur le dossier guinéen. Ils aspiraient à une éventuelle normalisation des relations franco-guinéennes. Cette assistance à la Guinée était pensée par les Américains comme transitoire avant le retour espéré rapidement dans le giron français. L'ambassadeur Hervé

---

[61] Marine Lefèvre, *Le soutien américain à la francophonie :* enjeux africains, 1960-1970, Paris, éditions presses de sciences po, 2010, page 73, 78. D'après plusieurs sources françaises, dont les dépêches 1344/AL de Hervé Alphand, 21 octobre 1964, et la dépêche/AL de Charles Lucet, 27 avril 1966. MAE, B-Amérique 1964-1970, États-Unis, 623 et 625, dans https://www.cairn.info.

[62] En février 1958, Olin Mathieson Chemical coloration des USA détenait 48,5% des actions de Fria suivie de Pechiney 26,5%. En 1970, l'Américain Noranda racheta 38% des parts de Frialco.

Alphand souligne cet optimisme des États-Unis en mars 1963 dans une note diplomatique.[63]

« Pour qui a suivi de près l'évolution des vues des services du Département d'État, il semble que l'action américaine en Guinée vise essentiellement à assurer une sorte d'intérim occidental dans l'attente du jour où une amélioration décisive des relations franco-guinéennes permettra une reprise complète de l'assistance française. Chaque fois que les Américains recueillent des indications du désir des Guinéens de rétablir une coopération sans restriction avec la France, ils s'empressent de nous en faire part avec l'espoir évident que Paris ouvrira la porte grande à « l'enfant prodige ».[64]

Mais les États-Unis ont « pris goût » à la Guinée et ils ne voudront plus la quitter « En bref... on pourrait dire que les Américains installés en Guinée ne souhaitent plus la quitter »[65] s'inquiétait déjà en 1964 l'ambassadeur Hervé Alphand. Cela se confirmera tout au longtemps de l'histoire de la coopération entre la Guinée et les USA. Les intérêts économiques et stratégiques prirent le dessus sur les dérives politiques internes de Sékou Touré. Et cela, en dépit de ses critiques répétées contre la guerre du Vietnam, l'expulsion des Peace Corps en 1966, le rétablissement et l'approfondissement des relations avec l'URSS après la

---

63 Marine, Lefèvre, *le soutien américain à la francophonie* : enjeux africains, 1960-1970, Paris, éditions presses de sciences po ; 2010, p.75.

64Marine Lefèvre, *Le soutien américain à la francophonie :* enjeux africains, 1960-1970, Paris, éditions presses de sciences po, 2010, page 74. Dépêche 631/AL de Hervé Alphand, 28 mars 1963. MAE, B-Amérique 1952-1963, États-Unis, dans https://www.cairn.info.

65 Marine Lefèvre, *Le soutien américain à la francophonie :* enjeux africains, 1960-1970, Paris, éditions presses de sciences po, 2010, page 75. Dépêche 1344/AL de Hervé Alphand, 21 octobre 1964. MAE, B-Amérique 1964-1970, États-Unis, 623. Dans https://www.cairn.info.

crise de 1961.[66] L'introduction d'une taxe spéciale sur l'exportation de la bauxite en 1975. Rien ne put grignoter cet axe stratégique Guinée-Amérique dans le secteur des mines. La bauxite guinéenne reste encore et toujours précieuse pour les entreprises américaines de l'aluminium. L'ambassadeur Charles Lucet explique en 1966 le paradoxe dans lequel les États-Unis sont plongés en Guinée. Il souligne qu'au département d'État « parler de la Guinée au Département d'État, c'est un peu s'entretenir de l'enfant terrible dont on déplore les frasques, mais auquel on veut malgré tout maintenir sa confiance ».[67]

Au vu de la confusion des cartes sur l'engagement américain en Guinée, le département d'État s'efforcera de rassurer son opinion publique de plus en plus critique sur son soutien à un régime socialiste, au moment où des milliers de « boys » meurent au Vietnam dans une guerre inextricable contre cette idéologie.[68] Le département d'État souligne l'importance des enjeux économiques et stratégiques en Guinée, rappelle l'expérience cubaine pour expliquer cette fébrilité à laisser les Soviétiques prendre possession des énormes ressources minières de la Guinée. Par contre, le département d'État reste néanmoins optimiste sur l'évolution politique du régime. Espérant une éventuelle normalisation politique du pays au contact avec le monde occidental, ils estimaient que les profits économiques que

---

[66] L'URSS obtient en 1969 une convention de développement d'une mine de bauxite dans la région de Kindia, la CBK.

[67]Marine Lefèvre, *Le soutien américain à la francophonie :* enjeux africains, 1960-1970, Paris, éditions presses de sciences po, 2010, page 79. Dépêche/AL de Charles Lucet, 27 avril 1966. MAE, B-Amérique 1964- 1970, États-Unis, 624, dans https://www.cairn.info.

[68] La seconde guerre du Vietnam entre 1955 et 1975, opposant les USA au Nord Vietnam.

la Guinée tirerait de cette coopération susciteraient son basculement dans le camp de l'Ouest.[69]

La déclaration d'un diplomate américain de retour d'une mission à Conakry résume toute l'attention que les États-Unis portaient à ce jeune État d'Afrique noire, devenu le centre de gravité de tous les mouvements nationalistes africains proches de Moscou.

« La Guinée est devenue un carrefour de l'Afrique subsaharienne depuis son accession à l'indépendance. Elle est également devenue un lieu de rencontre pour les Africains qui étaient mécontents de la lenteur des progrès vers la liberté dans leur patrie. À un moment donné, il était souvent possible de voir à l'Hôtel de France ou dans les rues de Conakry des dissidents du Cameroun, de la Côte d'Ivoire, de la Guinée portugaise, de l'Angola, du Ghana, de l'Algérie et de bien d'autres endroits. En plus de ses pressantes fonctions de président, Sékou Touré devait accueillir plusieurs dignitaires, parmi lesquels figuraient le Président William Tubman du Libéria, le Premier ministre Kwamé Nkrumah du Ghana, le Président Modibo Keita de la République du Mali, le Président Sukarno de l'Indonésie, le Premier ministre Patrice Lumumba de la République Démocratique du Congo, le président du Présidium du Soviet suprême, Leonid I »[70]

Dans ce paradoxe stratégique et politique, les atouts exceptionnels de la Guinée en ressources minières notamment en bauxite sont les clés de voûte de tout le schéma géopolitique en œuvre. Le pays détient les deux tiers des réserves mondiales de bauxite, capables

---

69 Marine, Lefèvre, *le soutien américain à la francophonie* : enjeux africains, 1960-1970, Paris, éditions presses de sciences po ; 2010, p.80.

70 Congressional Record-Senate, 1er février 1960, p. 1512. Extrait du mémoire de Master 2 de Mamadou Aliou Sory Barry, *Évolution des relations entre les États-Unis et l'Afrique depuis 1990 : enjeux et perspectives,* Master 2 Géopolitique, IFG, Paris, 2016-2017.

d'approvisionner le marché mondial durant seize siècles au rythme de la production actuelle. Par ailleurs, les circonstances particulières de son accession à l'indépendance marquées par une rupture brutale avec la France ont précipité le pays vers le bloc de l'Est, le poussant à adopter le socialisme comme mode de gouvernance économique et politique. La bipolarité du monde et les rivalités hégémoniques entre les États-Unis et l'URSS reconfigurent les rapports stratégiques et les représentations du territoire de la Guinée. L'expérience amère des États-Unis à Cuba sert de prétexte au gouvernement américain pour accroître son intervention économique en Guinée. L'objectif de Washington est avant tout d'empêcher toute présence militaire soviétique à moins de 9000 km des côtes de New York, en face d'un carrefour stratégique des routes maritimes, sans oublier cette hantise constante de voir les Soviétiques prendre le contrôle des ressources minières en bauxite, hautement stratégiques dans l'industrie militaire et l'aéronautique. Ce qui représenterait une sérieuse menace pour la sécurité des États-Unis. Investir dans les projets miniers en Guinée en association avec l'État était le meilleur moyen pour eux d'assurer un contrôle durable sur les ressources en bauxite de la Guinée, tout en prévenant toute présence militaire des Soviétiques au large des routes commerciales maritimes de l'Atlantique.

CHAPITRE III :

Infrastructure de l'économie minière internationale

En dépit des enjeux stratégiques et économiques énumérés ci-dessus en corrélation avec les implications de la guerre froide en Afrique, la création de la Compagnie des Bauxites de Guinée en 1963 s'inscrit par ailleurs dans une autre dynamique économique internationale de mobilité des centres de production de la bauxite, le principal minerai constitutif de l'aluminium dont l'importance industrielle s'est accrue de plus en plus après la Seconde Guerre mondiale. Les anciennes zones de production en Europe et dans les Caraïbes s'effacèrent progressivement pour laisser émerger sur le marché mondial une production africaine plus riche et plus abondante. Cette mobilité des zones d'extraction de la bauxite s'accompagna d'un mouvement de restructuration de l'industrie de l'aluminium, cherchant à se repositionner par rapport aux nouvelles sources d'approvisionnement et à optimiser les coûts de production.

SECTION 1.1. MOBILITÉ DES CENTRES DE PRODUCTION DE LA BAUXITE ET DE L'INDUSTRIE DE L'ALUMINIUM

A-La bauxite, la course aux gisements

L'histoire de cette industrie remonte au début des temps modernes au bord de la Méditerranée. C'est aux environs du XVIe siècle dans la République italienne de Venise qu'on a commencé à exploiter pour la première fois une roche de coloration « grise pyriteuse », dans de petites mines artisanales situées dans la région d'Istrie afin d'en extraire de « l'alun » et de « l'acide sulfurique ». Plus tard en 1808, P. Turini un ingénieur vénitien publia des expériences de laboratoire qui permettaient la production « d'alun » à partir du même minerai extrait en Istrie qu'il appelait minerai de pyrite. En 1857, les exploitations artisanales de Venise s'arrêtèrent et les travaux de Turini tombèrent dans l'oubli. Le professeur R. Marusic de Sagreb reprendra plus tard les archives de Turin. Il redécouvrira les anciennes galeries souterraines de Venise. À l'issue de son étude, il conclut que le minerai de pyrite était de la bauxite grise pyriteuse.[71] C'est le début de la grande aventure industrielle pour le minerai rouge encore méconnu.

En 1820, le Chimiste français Berthier reçut dans son laboratoire de l'École des mines de Paris une roche découverte au Fouta Djallon en Afrique de l'Ouest par l'explorateur G. Mollien. Les résultats de son analyse chimique publiés dans les annales des mines ont montré une composition mixte, riche en fer et en alumine. Il souligna cependant que ce minerai n'était pas encore découvert en Europe. Une année après, M. Blavier, à la recherche de minerai de fer pour la fonte dans les hauts fourneaux envoya à Berthier des échantillons de minerai provenant « des collines de Baux » dans la région des Alpilles en Provence. L'analyse chimique montra une composition minéralogique analogue à celle de la roche ramenée du Fouta Djallon par

[71] C.R. Acad. Sci. Paris, t. 324, s&ie II a, p.1031 il1040, 1997. https://www.cairn.info.

Mollien. Un mélange d'aluminium hydraté et d'oxyde de fer. Cependant, le nom bauxite n'apparaîtra qu'en 1845 dans la première édition du traité de minéralogie d'A. Dufrenoy. Un traité dans lequel il désignait M. Berthier comme celui qui aurait attribué le nom bauxite au minerai découvert dans le village des Baux. Ironie de l'histoire, la roche découverte plutôt au Fouta Djallon en Guinée par Mollien prendra le nom du village des Baux. À partir de cette période on a assisté à un regain d'intérêt scientifique sans précèdent pour cette roche. Plusieurs scientifiques essayèrent d'expliquer l'origine minéralogique de la roche. En 1881, Dieulafait propose l'hypothèse de la formation de la roche par altération superficielle de la « formation primordiale ». C'est une roche, conclura-t-il, composée essentiellement de granites et accompagnée par un phénomène de sédimentation sous l'effet de l'eau. En 1854, Henry Claire Sainte Deville soutenu par Napoléon III fut le premier à mettre au point un procédé industriel d'obtention de l'aluminium à partir de la bauxite. Ce nom industriel avait déjà été attribué à ce métal en 1809 par Sir Humphrey Davy qui réussit le premier à isoler un alliage de fer et d'aluminium. En 1886, P. Hérault parvint à mettre en place le premier procédé industriel de l'électrolyse qui révolutionna l'utilisation moderne de l'aluminium telle que nous le connaissions aujourd'hui.[72]

Les premières expériences d'exploitation industrielle de la bauxite se situent en France dans le Var et dans les Bouches-du-Rhône en 1873, pour une capacité de production de quelques milliers de tonnes par an.[73] Dans le bassin minier du Var à Cabasse, à Brignoles et à Tourves, l'exploitation de la bauxite s'étendra sur un siècle

[72] C.R. Acad. Sci. Paris, t. 324, s&ie II a, p.1031 il1040, 1997. https://www.cairn.info.

[73] Des réserves estimées au début du XXe siècle à 60 millions de tonnes, avec une production annuelle estimée en 1957 à 1.684.000 tonnes.

constituant la principale activité économique de la région baptisée « les gueules rouges ». En 1990, la dernière mine de bauxite a été fermée par Péchiney, déclenchant une crise sociale et économique douloureuse dans tout le bassin minier. Les caractéristiques géologiques de cette bauxite française montraient une richesse en alumine et une forte teneur en silice très peu hydratée. Ce qui était une composition vorace en énergie électrique dans la chaîne industrielle. Elle est suivie plus tard par la Hongrie pour une production annuelle de 910.000 tonnes en 1957. La Yougoslavie arriva en troisième position avec 888.000 tonnes par an sur des réserves estimées à l'époque à 100 millions de tonnes d'excellente qualité (56 % d'alumine, 2 à 4 % de silice).[74] En 1939, la production mondiale de bauxite atteignit 3 millions de tonnes par an. L'essentiel de cette production mondiale se situait dans les zones tempérées plus précisément autour de la zone méditerranéenne. L'Europe occidentale et méditerranéenne fournissait à cette époque d'avant la guerre 44 % de la production mondiale contre 20 % pour l'Europe orientale et l'URSS réunies. Venait ensuite la production étatsunienne qui représentait 11 % de la production mondiale de bauxite. Ces premières zones d'extraction de la bauxite dans le monde toutes situées au Nord fournissaient 75 % de la production mondiale. Les mines d'extraction étaient surtout concentrées près des alumineries (industries d'aluminium) afin de minimiser les coûts de transport du minerai.[75] Pour cette même période d'avant la guerre, la production de l'Amérique latine notamment les gisements de la Guyane représentaient 18 % de la production mondiale de bauxite.

---

[74] En 1957 L'Italie produisait 261.000 tonnes, l'Autriche 22.300 tonnes, la Roumanie 15.000 tonnes, l'Espagne 7400 tonnes, la Grèce 871.000 tonnes.

[75] Lerat Serge. « Bauxite et aluminium dans le monde ». In: Cahiers d'outre-mer. N° 44 - 11e année, octobre décembre 1958. pp. 389-425.

L'Asie quant à elle fournissait seulement 5 % de la bauxite produite dans le monde provenant essentiellement de l'Indonésie. L'Afrique quant à elle ne produisait aucune quantité de bauxite à cette date. Les zones tropicales étaient donc faiblement exploitées à cette époque en bauxite.[76]

Après la Seconde Guerre mondiale, la carte de la production mondiale de la bauxite se redessine profondément. Les zones tempérées jusque-là en première ligne dans les statistiques de production s'effacèrent de plus en plus pour laisser la place à la bauxite des zones tropicales. L'Europe occidentale ne produira plus que 19 % de la bauxite vendue dans le monde contre 10 % pour l'Europe orientale et l'URSS, venait ensuite les 7 % de production des États-Unis. On assiste à une montée en flèche de la production de l'Amérique latine qui atteignit les 55 % de la production mondiale, alors que l'Asie reculait à 3 % et l'Afrique entrait dans le rang des producteurs avec 4 % du marché mondial. Ces mutations s'expliquent par l'épuisement des réserves riches en alumine en Europe et par l'accroissement des capacités de production pour faire face aux besoins grandissants de l'industrie de l'armement et la reconstruction de l'Europe après la guerre.[77]

Pour le cas des États-Unis, la production de bauxite commença en 1883 dans l'État de Géorgie, lieu de découverte des premiers gisements. Très vite, pour nourrir le développement de l'industrie de l'armement et du bâtiment, le pays devint rapidement le second producteur mondial derrière la France avec une production annuelle de 339.000 tonnes. En 1957, cette production américaine atteindra 1.437.000 tonnes positionnant le pays en 5e place loin derrière la Jamaïque, le Surinam, la Guyane et la France. Menacés par un épuisement de leurs ressources

---

[76] Idem.

[77] Ibidem.

naturelles, les États-Unis optèrent pour une politique de rationnement de leurs réserves en bauxite et se lancèrent à la recherche de nouvelles sources d'approvisionnement en Amérique latine et en Afrique. En effet, les estimations de 1950 parlaient de 40 millions de tonnes de réserves inégalement réparties sur le territoire américain. Les gisements les plus faibles se trouvaient dans le vieux Sud et dans les Appalaches avec des réserves estimées à 1.800.000 tonnes. L'Arkansas avec des réserves estimées à 39 millions de tonnes constituait le gisement le plus important représentant les 9/10 de la production totale des États-Unis. Cette dotation relativement faible des États-Unis en bauxite dont l'importance stratégique s'était révélée pendant la guerre représentait un facteur de vulnérabilité pour l'émergence de la puissance militaire américaine.[78]

Les gisements des zones tropicales les plus importants du monde ont connu une exploitation tardive relativement aux gisements des zones tempérées. La production du Sud-Est asiatique notamment en Malaisie et en Indonésie commença dans l'entre-deux (2) guerres. En Afrique, c'est au lendemain de la Seconde Guerre mondiale que l'exploitation de la bauxite démarra au Ghana, au Mozambique et en Guinée. En Amérique latine, plus précisément en Jamaïque et en République dominicaine elle a commencé un peu plus tard en 1957. Les bauxites situées dans ces zones tropicales sont géologiquement récentes datant de l'âge du quaternaire et ont l'avantage de contenir moins de silice. Ce qui génère des économies d'énergie lors de la phase de l'électrolyse avec le procédé industriel de séparation de la silice et de l'alumine. Par ailleurs, ce sont des bauxites hydratées à 25 % ou 30 % nécessitant donc la construction d'usine de séchage sur place pour réduire leur

---

[78] Lerat Serge. « Bauxite et aluminium dans le monde ». In: Cahiers d'outre-mer. N° 44 - 11e année, octobre décembre 1958. pp. 389-425.

poids et éventuellement les coûts de transports du minerai vers les zones de transformation.

L'intensité de l'exploitation des gisements de l'Amérique latine après l'abandon de ceux de l'Europe a rapidement épuisé les réserves sud-américaines relativement abondantes comme celles du Surinam. Ce dernier couvrait l'essentiel des importations américaines et fournissait les trois quarts des exportations mondiales après la guerre.[79] En Guyane britannique la situation était presque identique à celle du Surinam, avec une production annuelle de 261.000 tonnes après la Seconde Guerre mondiale. Cette production déclinera rapidement face à l'accroissement des besoins canadiens (Alcan) en minerai. Un déclin qui accordera une plus grande place à la production jamaïcaine estimée en 1957 à 4.708.000 tonnes, représentant 25 % de la production mondiale à cette date. Le pays possédait des réserves importantes estimées à l'époque à 600 millions de tonnes. Il offrait en outre des conditions naturelles d'extraction avantageuses dans des carrières à ciel ouvert, et surtout très pauvres en silice (1 à 2 %). On y remarque aussi la présence sur place des plus grands groupes miniers nord-américains de l'époque : Kaiser, Reynolds, Harvey, Alcan.[80]

En Asie, la production de bauxite a été moins fructueuse malgré des campagnes d'explorations intenses menées par les compagnies japonaises après la Seconde Guerre mondiale. Après la guerre, l'industrie florissante du Japon pour la reconstruction suscita des demandes croissantes en matières premières. À la fin des années 50, la Malaisie était le principal producteur asiatique avec 308.000 tonnes. À la même période, la production indonésienne était estimée à

---

[79] 3.377.000 tonnes en 1957. 50% des revenus de l'État et 80% de la valeur des exportations.

[80] Lerat Serge. « Bauxite et aluminium dans le monde ». In: Cahiers d'outre-mer. N° 44 - 11e année, octobre décembre 1958. pp. 389-425.

241.000 tonnes pour alimenter principalement l'industrie japonaise en expansion, mais aussi celle allemande et américaine en pleine croissance.[81] En Australie, des découvertes importantes chiffrées à des centaines de millions de tonnes avaient déjà été réalisées par la Commonwealth Aluminium Corporation et la British Aluminium Limited, dans la presqu'île du Cap York, pour une bauxite qui offrait des facteurs de production avantageux (65 à 68 % d'alumine) et qui est située près des côtes pour d'éventuelles exportations vers les États-Unis. La rapide industrialisation du pays modifiera cette tendance à l'exportation de la bauxite brute pour une transformation sur place du minerai sur toute la chaîne industrielle de l'aluminium.[82]

Dans cette course appétissante aux réserves de bauxite riches et abondantes pour alimenter la production industrielle après la guerre, les compagnies minières se lancèrent dans des prospections géologiques aux grandes Antilles, à Haïti, à Saint-Domingue, au Costa Rica, au Venezuela et en Guyane française.[83] Les résultats sont cependant très maigres par rapport aux gisements en exploitation en Jamaïque ou au Surinam.[84] C'est donc pour pallier cette menace d'épuisement des gisements latino-américains et caribéens en exploitation que les compagnies nord-américaines se repositionnèrent sur de nouvelles zones bauxitiques. Chaque groupe était soucieux de sécuriser ses propres sources d'approvisionnement en

---

[81] En Inde, sur 250 millions de tonnes identifiées, seules 27 sont exploitables pour des raisons de qualité.

[82] Lerat Serge. « Bauxite et aluminium dans le monde ». In: Cahiers d'outre-mer. N° 44 - 11e année, octobre décembre 1958. pp. 389-425.

[83] Les États-Unis qui ont des permis à Haïti depuis 1944 estiment les réserves à 30 millions de tonnes

[84] Les estimations sont de l'ordre d'une dizaine de millions de tonnes en 1958. Au Brésil, la production avait commencé avant la guerre, avec le pic de 56.000 tonnes en 1956.

diversifiant les fournisseurs. Ce qui naturellement les bouscule vers le continent africain, où la présence d'une bauxite riche en alumine facilement accessible et située près de sources potentielles d'énergie hydroélectrique a été attestée depuis la fin de la Première Guerre mondiale. Les gisements du Ghana et de la Guinée seront les plus intéressants par rapport aux avantages compétitifs de productions énumérés ci-dessus.[85]

B. L'ALUMINIUM, UNE INDUSTRIE EN MUTATION

Cette évolution de la carte de production de la bauxite dans le monde s'est dessinée en corrélation avec celle de la structure industrielle de l'aluminium. Celle-ci s'est régulièrement reconfigurée en fonction de la mobilité des centres de production de la matière première. L'intérêt industriel de l'aluminium a connu également des mutations importantes qui contraignirent les multinationales à redéfinir leurs stratégies internationales de contrôle des marchés et de maximisation des profits. En effet, après la Seconde Guerre mondiale la production de l'aluminium a connu un développement sans précédent. La demande militaire croissante et la diversification des usages industriels sont les principaux stimulants de ce regain d'intérêt pour ce métal léger. Ceci dans un contexte inédit de restructuration de l'industrie internationale de l'aluminium. Selon Serge Lerat, le succès de ce métal tient à la fois à des raisons techniques et financières. En effet, pour une densité légère de 2,7, l'aluminium primaire intéresse plus de cent (100) applications industrielles. Ce qui lui ouvre une place de choix dans l'industrie automobile, l'aviation, la construction, l'électroménager.

---

85 Lerat Serge. « Bauxite et aluminium dans le monde ». In: Cahiers d'outre-mer. N° 44 - 11e année, octobre décembre 1958. pp. 389-425.

Excellent conducteur thermique, recyclable, malléable, rétif à la corrosion et non toxique, il est très apprécié dans l'industrie ménagère et de l'emballage.[86]

Dans cette dynamique de mutation de l'industrie de l'aluminium, la stratégie industrielle des firmes multinationales du secteur reposait avant tout sur la constitution d'oligopole pour un contrôle direct des sources d'approvisionnements des matières premières. Six entreprises essentiellement nord-américaines contrôlaient l'essentiel du marché mondial de l'aluminium ; Alcoa, Alcan, Kaiser, Reynolds, Pechiney Ugine Kuhlman, et Alusuisse. La constitution de ce cartel des industriels de l'aluminium était accompagnée d'une délocalisation partielle de certaines étapes de la transformation de la bauxite. L'objectif poursuivi par les firmes de l'industrie minière dans ce mouvement relevait pour l'essentiel d'une stratégie de relation publique pour contenter les gouvernements des pays producteurs, de plus en plus exigeants pour une plus grande valorisation de leurs ressources naturelles. Cette délocalisation excluait tout processus de transfert de technologies. Le plus souvent cette mobilité vers les pays du Sud ne se limitait qu'à des unités de séchage ou de calcination de la bauxite pour réduire les coûts de transport du minerai vers les zones de transformations intermédiaires en alumine (Amérique latine, Europe). Notons cependant le cas exceptionnel de Pechiney au Cameroun qu'on pourrait situer dans un contexte particulier de restructuration de l'industrie française en général après la Seconde Guerre mondiale et d'une démarche également d'optimisation des coûts de production en exploitant l'électricité produite au barrage d'Édéa au Cameroun.[87]

---

[86] Idem, pp.389-425.

[87] Lerat Serge. « Bauxite et aluminium dans le monde ». In: Cahiers d'outre-mer. N° 44 - 11e année, octobre-décembre 1958. pp.389-425.

Au cours de cette période de reconfiguration de l'industrie internationale de l'aluminium après la Seconde Guerre mondiale, les firmes multinationales développèrent à cet effet plusieurs formes d'intégration et de diversification, en amont et en aval de la filière bauxite aluminium pour protéger leurs profits et diminuer les risques financiers. La configuration de la carte mondiale de l'industrie d'extraction et de transformation de la bauxite se recompose. Il est important de rappeler qu'au début de la décennie « 70 » les entreprises nord-américaines contrôlaient 56 % de la production mondiale d'aluminium primaire, alors que la production de l'Europe représentait 28 %, suivie de celle du Japon alignée à 11 %. Par contre, les entreprises du Sud ne représentaient que 5 % (Afrique du Sud, Cameroun, Égypte, etc.) du marché de l'aluminium. En outre, les mêmes entreprises nord-américaines contrôlaient 62 % de la production mondiale de bauxite brute, suivies de 15 % de celles de l'Europe. Alors que les pays du Sud ne contrôlaient que 13 % de la production mondiale de bauxite brute en association dans des sociétés mixtes. Le Japon ne disposant pas de ressources bauxitiques se spécialisa dans la transformation en aval grâce à ses formidables progrès technologiques. Alors que pour la même période, la consommation mondiale d'aluminium primaire était à 48 % nord-américaine, suivie de l'Europe consommatrice de 29 % de l'offre d'aluminium, le marché japonais absorbait 14 % et les autres pays écoulant 9 % de la production mondiale. Ces chiffres nous éclairent davantage sur la forte domination exercée par les entreprises nord-américaines au niveau de toute la chaîne industrielle du secteur de la bauxite et de l'aluminium.

Par ailleurs, pour comprendre en profondeur cette mutation de l'industrie de l'aluminium après la Seconde Guerre mondiale dans le repositionnement des cartes de production, il est intéressant de jeter un regard sur l'analyse faite à ce sujet par François Geze.[88] Il décrit trois (3) axes majeurs de structuration, de la diversification à la constitution de joint-venture en passant par la diminution de l'auto financement. Tout d'abord, Geze souligne la volonté manifeste des firmes de diminuer les risques financiers liés aux énormes investissements qu'elles ont engagés dans de gigantesques projets miniers. La crise économique de 1929 intervenue aux États-Unis, et, plus tard, le premier choc énergétique mondial de 1973 eurent des conséquences lourdes sur les firmes et les banques américaines. Celles-ci avaient investi des montants colossaux en Europe et dans les pays pétroliers. Pour éviter les conséquences négatives d'une éventuelle crise économique sur leur capital, elles adoptèrent une stratégie de diversification de leurs investissements dans plusieurs branches industrielles et sur toute la chaîne de l'aluminium. Dans ce dernier secteur, un tel processus a été observé dans des participations au capital des entreprises de la chimie, des plastiques, de la production énergétique, des transports, des articles de ménages. Pour mobiliser les capitaux nécessaires à des prises de participation diversifiées, elles furent recours à de nouvelles méthodes de financement allant de la diminution de l'autofinancement, à la constitution de joint-venture en association avec les gouvernements des pays producteurs de matières premières. Cette dernière fut la forme par laquelle la Compagnie des Bauxites de Guinée a été constituée.[89]

Dans la même logique de contrôle des risques financiers, elles furent recours à des prêts bancaires auprès des

---

[88] Gèze François. « La bataille des matières premières minérales » : multinationales contre pays producteurs. In: Tiers-Monde, tome 17, n°66, 1976. Avant la IVe CNUCED. Les produits de base et la politique internationale. pp. 289-306.

[89] Idem, pp. 289-306.

organismes de financement internationaux, à l'instar de la Banque Mondiale. Ces prêts assurent une crédibilité aux projets et sécurisent les investissements contre des politiques de nationalisation en vogue dans les États nouvellement indépendants. Ce type de financement s'est surtout développé dans la branche bauxite et alumine. Les sociétés mixtes qui en ont résulté comme la CBG sont avant tout des entreprises de coopération. Elles vendent leur production aux actionnaires proportionnellement à leur participation au capital de la société, sans dégager de véritables marges bénéficiaires pour les pays producteurs. Par contre, elles assurent aux pays du Sud des revenus fixes s'ils sont générés, sur la base de contrat à long terme. Pour les firmes c'est surtout un moyen d'obtenir des organismes financiers pour faciliter le financement de leurs activités, en s'appuyant sous la garantie publique des crédits endossés par les États du Sud actionnaires dans le « joint-venture ».[90] Une sorte d'écran mis en avant par les multinationales pour protéger leurs investissements, mais dont le modèle de fonctionnement cache en réalité une exploitation financière des pays producteurs de minerai. Les premières années de mise en activité de la CBG ont vite révélé la faible capacité de l'entreprise à dégager des marges bénéficiaires. Les charges d'exploitation couvrant les frais d'expatriation et d'assistance technique des partenaires privés absorbent l'essentiel des revenus de la société. En 1975, la Guinée appliquera une taxe à l'exportation de la bauxite pour pouvoir engranger des revenus supplémentaires.

Il faut enfin noter l'incidence des facteurs énergétiques sur la mobilité des centres de production industrielle de

---

[90] Gèze François. « La bataille des matières premières minérales » : multinationales contre pays producteurs. In: Tiers-Monde, tome 17, n°66, 1976. Avant la IVe CNUCED. Les produits de base et la politique internationale. pp. 289-306.

l'aluminium.[91] La Guinée a l'avantage de disposer en abondance, de facteurs de production de l'aluminium à faible coût de revient. La CBG a été un modèle inédit de projet qui réunissait sur place tous les éléments permettant une intégration totale de toute la chaîne de production de l'aluminium : bauxite de qualité, potentiel en énergie hydroélectrique, proximité des circuits de transport maritime. Cette nouvelle stratégie de relocalisation géographique tenait compte non seulement de cet impératif économique, mais aussi d'un croisement avec les centres commerciaux. Une telle politique a été observée dans les « années 70 » avec les stratégies de rapprochement des sites de production près des grands débouchés économiques comme la Communauté économique européenne (CEE), tout en profitant des offres fiscales, d'infrastructures et énergétiques de pays comme l'Irlande. Cela aurait entravé la construction d'une usine d'aluminium à Boké comme cela avait été prévu dans la convention de base de 1963.[92] Nous constatons donc que les grandes régions productrices d'aluminium sont également celles dotées en fortes capacités de production de courant électrique. Les premières usines d'aluminium dans le monde étaient généralement situées dans les montagnes près des barrages hydroélectriques en France, en Russie, aux USA et au Canada. Aujourd'hui, elles sont plus ou moins relocalisées près des grandes mines de charbon en Chine, en Afrique du Sud, en Australie ou à proximité des gisements gazeux du Moyen-Orient ou en Russie. Mais aussi et en même temps,

---

[91] En effet selon les données fournies par Serge Lerat, la fonte de l'aluminium exige en moyenne 17.000 à 20.000 KWH de courant électrique en basse tension pour la production d'une tonne d'aluminium avec 1890 kilos d'alumine.

[92] En 1974, l'Usine d'alumine est construite en Irlande par ALCAN, pour une capacité de 800.000 tonnes par an. Elle approvisionnera l'usine d'aluminium qui sera construite au Royaume-Uni. Les coûts initiaux étaient estimés à 550 M$.

elles s'implantaient près des grands marchés de consommation industrielle de l'aluminium primaire et de ses dérivés qui offraient des conditions fiscales et énergétiques avantageuses.[93] C'est ce processus qui a obéré le projet initial d'usine d'alumine et d'aluminium à Boké, stratégiquement délocalisé en Irlande et au Royaume-Uni. L'électricité d'origine hydraulique produite en Europe a orienté dans ce schéma les politiques de relocalisation d'Alcan.[94]

---

[93] En 1957, les matières premières entrent pour 15 % dans le prix, de revient de l'aluminium, l'énergie pour 28 %, les salaires pour 8 %, les frais accessoires pour 14 %, les frais généraux pour 5 %, les frais commerciaux et financiers pour 16 %, les frais de renouvellement de l'outillage et d'amortissement pour 12 %, les frais divers pour 2%. Cette structure est évolutive.

[94] Lerat Serge. « Bauxite et aluminium dans le monde ». (Deuxième partie). In: Cahiers d'outre-mer. N° 45 - 12e année, janvier-mars 1959. pp. 64-100.

ANALYSE DE L'ORGANISATION ET DU FONCTIONNEMENT DU CADRE DE COOPÉRATION

CHAPITRE IV

Cadre opérationnel, actionnarial et fiscal de coopération de la Compagnie des Bauxites de Guinée (CBG)

La Compagnie des Bauxites de Guinée fonctionna pendant longtemps sous le régime d'une société d'économie mixte. Elle réunit l'État guinéen et des partenaires privés étrangers. Le cadre juridique, fiscal et opérationnel qui régit son fonctionnement a constamment évolué depuis 1963. L'actionnariat privé a également connu des changements de mains depuis cette date. Si la première convention de base signée en octobre 1963 fut élaborée avec une petite société américaine de l'industrie de l'aluminium (juniors), aujourd'hui les actionnaires privés sont des firmes multinationales leaders (majors) de l'aluminium. Ce changement d'actifs s'est parfois opéré au détriment des intérêts de la Guinée, à cause de son isolement politique pendant la première République. Mais cette situation découle aussi de son faible potentiel en ressources humaines qualifiées en ingénierie financière des mines, et la maîtrise des mécanismes complexes de transactions d'actifs dans les bourses. Le fonctionnement de cette compagnie le long des cinquante dernières années laisse apparaître dans une certaine mesure, des pratiques d'exploitation financière des pays producteurs de matières premières par les grandes firmes multinationales.

SECTION 1.1. NAISSANCE ET ÉVOLUTION DE LA STRUCTURE OPÉRATIONNELLE DE LA CBG

A. La longue marche de la CBG vers…

Après la Seconde Guerre mondiale, le gouvernement de la France opta pour une politique de délocalisation de ses industries stratégiques, notamment l'aviation et l'aéronautique. Certains territoires d'outre-mer avaient servi pendant la guerre de base arrière stratégique au cours des opérations militaires. En effet, le gouvernement provisoire avait été installé à Brazzaville, les documents administratifs de l'État y ont été transférés également. L'Afrique du Nord libérée à partir de 1943 avait été le principal point d'appui terrestre pour la libération de l'Europe. En tirant les leçons de cette expérience de la vulnérabilité stratégique de la métropole en cas de guerre, le gouvernement de la France se pencha pour une politique de délocalisation de certaines industries stratégiques dans les territoires d'outre-mer, afin d'éviter leur concentration au sein de la métropole.[95] Dans cette projection stratégique, le gouverneur de la Guinée française Roland Pré explique cette vision dans un ouvrage au titre révélateur « *Avenir de la Guinée française* » paru en 1950. La Guinée était appelée à jouer un rôle stratégique dans cette nouvelle reconfiguration territoriale des systèmes de production, en abritant sur son territoire une partie de l'industrie de l'aviation. Le choix porté sur la Guinée semble anodin eu égard à l'exiguïté territoriale de la colonie. Dans la pensée des stratèges militaires et industriels français, la Guinée

---

[95] Sidérurgie et métallurgie en Algérie, construction navale dans l'océan Indien à Madagascar, construction aéronautique en Guinée. Dans les années « 60 » les vagues d'émancipations politiques en Afrique, ont contraint la France a renoncé à ses projets de délocalisation stratégique.

regorge avant tout d'un double atout géographique et économique : son riche potentiel minier, ses ressources hydroélectriques et le « micro climat » du Fouta Djallon parfaitement adapté pour accueillir de nombreux expatriés venus des zones tempérées.[96]

Bien avant la guerre, les géologues de la firme canadienne Alcan, la branche internationale de l'américain Alcoa, avaient entamé des prospections tous azimuts dans le territoire de la Guinée. Une première installation industrielle avait été développée à partir de 1939 dans les îles de Loos à Kassa. Les recherches de Alcan à travers sa filiale Bauxite Midi dans la vallée du Cogon débutent en 1930. Elles sont poursuivies avec plus d'intensité en 1948 après la guerre. Les premiers résultats des sondages sont encourageants. Des indices de bauxite d'une forte teneur en alumine pratiquement unique au monde sont mis en évidence par une fratrie de géologues : les frères Bourrages. L'administration coloniale délivra aussitôt vingt (20) permis de recherche pour couvrir toute la zone nord-ouest.[97]

L'envergure des gisements découverts à Sangaredi aiguisa l'appétit des grandes firmes internationales de l'aluminium. Le gisement est unique au monde de par sa richesse, à proximité des réservoirs hydroélectriques du Konkouré et à moins de 150 km des côtes Atlantiques. Par contre, le développement du projet demandait d'énormes investissements pour la construction des infrastructures routières connexes, les installations d'évacuation ferroviaire et portuaire et les cités des travailleurs. Alcan ouvrit des négociations avec le gouvernement autonome de

---

[96] I, Soumah, *avenir de l'industrie minière en Guinée,* Paris, Harmattan, 2007, page 83.

[97] 500.000 tonnes de réserves de bauxite, d'une teneur de plus de 55% d'alumine et de 1 à 1,5% de silice. La seule région de Sangaredi chiffrait ses réserves à plus de 2 milliards de tonnes, d'une teneur de plus de 60% d'alumine, pratiquement unique au monde. Le potentiel hydroélectrique de la Guinée est estimé à 6000 mégawatts.

la loi-cadre. Le gouvernement sous la vice-présidence de Sékou Touré exigeait dans un premier temps la construction d'une usine d'alumine, et, plus tard, une fonderie d'aluminium. Cette valorisation de la ressource sur place rendait également plus onéreux le coût du projet réévalué à 200 millions de dollars. Les négociations traînèrent pendant des mois. Alcan constitua en 1957 un consortium international sous forme de « joint-venture » avec les sociétés Kaiser, Reynolds, Alcoa, Alusuisse et l'Allemand VAW. L'objectif du consortium était de mobiliser les investissements nécessaires pour exploiter les immenses gisements découverts dans la région de Boké, développer également un complexe industriel. Un premier montage global du projet très modeste a été élaboré et soumis à l'approbation de l'assemblée territoriale de la Guinée française.[98] Une première mouture de plan de faisabilité du projet prévoyait une extraction de 1.500.000 tonnes de bauxite brute par an dont 500.000 tonnes étaient prévues pour l'alimentation d'une usine d'alumine de 220.000 tonnes par an qui serait également construite à Boké.[99] Il était aussi prévu la construction de diverses autres infrastructures nécessaires au démarrage du projet, notamment des ponts métalliques sur les fleuves Tinguilinta et Tamarensi.

L'indépendance de la Guinée intervenue en 1958, suivie de la rupture brutale avec la France semblait compromettre l'avenir du projet. Cela a débouché sur un contentieux avec la société canadienne que nous avons déjà évoqué, bien que sa filiale française Bauxite du Midi exploitait une concession minière sur l'île de Kassa depuis 1948. La société entreprit des négociations avec le gouvernement guinéen pour la sauvegarde de ses actifs miniers en Guinée. L'accord obtenu à l'issue des négociations lui permettait de

---

[98]Idem page 84.

[99] Ibidem, page 123.

garder ses actifs en contrepartie d'une plus grande transformation sur place du minerai. En 1961, l'État guinéen dénonça le non-respect des engagements pris par Bauxite du Midi. Il décida de nationaliser les actifs de la société française en Guinée. C'est la rupture entre l'État guinéen et la société mère Alcan alors qu'elle s'activait parallèlement dans le développement du projet d'exploitation de la bauxite dans la région de Boké.[100]

Une autre société américaine profitera de ce départ annoncé d'Alcan pour entrevoir la récupération des réserves bauxitiques de Boké. En effet, Alcoa, société à partir de laquelle Alcan était née en 1928 comme branche internationale avant de s'en détacher, s'intéressa aussitôt au projet de Boké après le départ précipité d'Alcan dans le contexte décrit ci-dessus. En avril 1963, Alcoa dépêcha à Conakry une mission conduite par son Vice-président George Crispi et un ingénieur des mines Léonard Jacob pour rencontrer les ministres Ismaël Touré et Karim Fofana.[101] L'objectif de la mission était d'expliquer aux autorités guinéennes leur volonté de coopération pour le développement d'un nouveau projet minier dans la région de Boké. C'est le début de plusieurs tractations politiques auxquelles se mêlent des enjeux plus globaux en lien avec la guerre froide. Conakry était aux prises entre Moscou et Washington dans le contexte d'une récupération idéologique des jeunes États décolonisés. En effet, l'ambassadeur des États-Unis à Conakry, William Atwood, s'activa pour le compte du gouvernement américain en faveur d'une petite société américaine du Delaware, Harvey Aluminium Company. Comme nous l'avons déjà énuméré, la crise des missiles de Cuba en 1962 et les tensions

---

[100] Alcan s'était engagée à transformer la bauxite en alumine sur place à partir de 1964.

[101] Respectivement Ministre du Développement Économique et Ministre de l'Industrie et des Mines.

politiques avec l'URSS en 1961 contribuèrent à renforcer la position américaine auprès de Sékou Touré. Grâce à l'habileté diplomatique de Karim Bangoura alors ambassadeur de Guinée à Washington, le gouvernement guinéen entama discrètement des négociations avec la petite société Harvey Aluminium Company au détriment de la grande firme américaine Alcoa qui rodait déjà à Conakry.[102] Une mission discrète de la CIA est dépêchée auprès de Sékou Touré pour soutenir la position américaine. Un accord politique non encore officiel aurait été décroché entre les deux (2) parties pour garantir leurs intérêts mutuels, redéfinir les enjeux géopolitiques en toile de fond de toute la compétition qui se joue autour de l'exploitation de la bauxite guinéenne.

À l'issue de longues négociations une convention de base est signée le 1er octobre 1963, entre le gouvernement guinéen représenté par Ismaël Touré ministre du Développement économique et Vance Echols vice-président de Harvey Aluminium Company. C'est la naissance de la Compagnie des Bauxites de Guinée (CBG), une entreprise minière qui a su résister à toutes les péripéties politiques de la Guinée.[103] Ce soutien du gouvernement américain explique par ailleurs la forte implication de la Banque Mondiale pour le financement d'un projet de cette envergure dans un pays où la situation sociopolitique et économique ne corroborait pas avec les exigences habituelles de cette institution financière.

Il faut rappeler au passage que la société Harvey a été créée par Léo Harvey, après un bref séjour en Allemagne

---

[102] Karim Bangoura avait aussi de fortes relations avec l'entourage de Kennedy et de son vice-président Johnson. Il était particulièrement lié à Keith Linden qui agissait comme consultant international de la société Harvey.

[103] I, Soumah, *avenir de l'industrie minière en Guinée*, Paris, Harmattan, 2007, pages 123-124.

entre 1905 et 1907. Le migrant d'origine russe s'installe à Los Angeles en 1914 juste avant le début de la Grande Guerre. Avant la Seconde Guerre mondiale, il démarra ses aventures commerciales en vendant des articles industriels en aluminium en Californie. Pendant la Deuxième Guerre mondiale, il prospéra en fournissant des pièces de rechange à l'armée américaine. C'est aussi le début d'une longue amitié avec la famille politique des Kennedy. Après la guerre, Harvey décide de créer sa première usine d'aluminium aux États-Unis dans le Kentucky. En 1960, il posa l'idée de la construction d'une usine de raffinage dans les Caraïbes (îles Vierges). C'est le début d'une aventure mondiale pour la recherche de la matière première « bauxite » nécessaire au fonctionnement de ses usines. Les relations entre Harvey et la famille politique des Kennedy pesèrent de tout leur poids dans le choix porté par le gouvernement américain en faveur de la petite société, au détriment d'une firme multinationale comme Alcoa.[104]

En 1962, pour marquer solennellement ce réchauffement des relations diplomatiques entre les deux (2) pays, le Président Sékou Touré est reçu en visite officielle à Washington par le Président Kennedy. L'occasion est ainsi offerte au leader guinéen de rassurer les industriels américains sur la sécurité des fonds qui seront investis en Guinée. La nationalisation des actifs d'Alcan en 1961 représentait toujours dans l'esprit des industriels américains une source d'inquiétude d'autant plus que la Guinée s'était clairement orientée dans une économie planifiée et réputée proche des pays du bloc de l'Est comme la Chine, Cuba ou l'URSS. Sékou Touré profita de cette visite d'État pour organiser une rencontre à New York avec des industriels américains intéressés à la bauxite guinéenne. Il promit à cette occasion d'épargner le secteur de la bauxite des vagues de nationalisation en cours dans son pays. Le

[104] I, Soumah, idem, page 147.

gouvernement de Kennedy lui affirma à nouveau son soutien politique, et rassura les entreprises américaines désireuses d'investir en Guinée quant au soutien du gouvernement des États Unis.[105]

À Washington, l'extrême droite s'insurge contre cette politique de Kennedy en faveur d'un pays socialiste, alors que les USA sont en guerre contre le communisme au Vietnam.[106] Pendant cette période d'après-guerre, la lutte contre le communisme constituait le socle intangible de la politique étrangère américaine. Ce qui a souvent entraîné un manque de réalisme politique, aboutissant à des erreurs stratégiques irréversibles comme ce fut le cas à Cuba. En ce qui concerne la politique américaine en Guinée, elle a été farouchement défendue par l'ambassadeur William Atwood entre-temps devenu rédacteur en chef de la grande revue Look. Il invoque l'intérêt national des États-Unis et peint une image modérée de Sékou Touré. Ce dernier est soutenu jusqu'au département d'État. Le traumatisme de la crise cubaine après la prise du pouvoir en 1958 par les guérilleros castristes, en plus de l'humiliant échec du débarquement de la baie des Cochons en 1961, reste encore vif. Une dramatique aventure militaire pour la reconquête d'un territoire perdu dont l'aboutissement sera la grave crise des missiles de Cuba de 1962. Ainsi, l'establishment américain exclut tout abandon d'un pays qui a échappé à l'influence française en Afrique. Le Président Lyndon Johnson, successeur de Kennedy, poursuivra la même politique réaliste avec plus de vigueur. Il nomme un nouvel ambassadeur à Conakry, Macllvaine en octobre 1966.[107]

---

[105] I, Soumah, *avenir de l'industrie minière en Guinée*, Paris, Harmattan, 2007, page 149.

[106] Washington post, « Aide à la Guinée prochinoise », le 15 mai 1966, repris par jeune Afrique en 1985.

[107] Washington post, « Aide à la Guinée prochinoise », le 15 mai 1966, repris par jeune Afrique en 1985.

L'axe Conakry-Washington se renforce et résiste à toutes les péripéties politiques de cette époque. C'est dans ce contexte qu'intervient en 1966 un grave incident diplomatique qui aurait pu mettre fin au projet de Boké. En effet après le renversement de N'Nkrumah au Ghana en 1966, la Guinée s'était proposé de l'aider à récupérer son pouvoir par tous les moyens y compris militaires. Une délégation officielle guinéenne en direction d'Addis Abeba à bord d'un avion de la Pan American fit escale à Accra. Conduite par le ministre des Affaires étrangères Lansana Béavogui, la délégation a été retenue à l'aéroport par les autorités en place à Accra. En représailles, Sékou Touré mit aussitôt en résidence surveillée l'ambassadeur des États-Unis à Conakry, arguant une connivence entre la Pan Am et les nouveaux dirigeants ghanéens. Des manifestations sont organisées à Conakry en face de l'ambassade des États-Unis dans le centre-ville. Les bâtiments de la mission diplomatique américaine sont partiellement endommagés par les manifestants. Ils brandissaient des slogans « à bas les Yankees », hostiles aux États-Unis. Après de multiples et intenses tractations diplomatiques, les autorités militaires du Ghana libèrent la délégation guinéenne le 8 novembre 1966. Celle-ci de retour à Conakry est accueillie au stade du 28 septembre par une foule nombreuse. « Le Président Sékou Touré annonce devant la foule l'expulsion des soixante-quatre volontaires de Peace corps », les accusant d'être des agents de l'impérialisme américain ». La rhétorique anti-impérialiste jusque-là orientée contre la France se retourne contre l'allié américain. Radio Conakry, la voix de la révolution, diffuse en continu des invectives contre les États Unis.[108]

« L'aide de l'impérialisme est un gâteau empoisonné… l'impérialisme américain saura une fois pour toutes que la

---

[108] André Lewin et al. In, *Jeune Afrique* « Diplomatie », 1985, page 71.

politique du Parti démocratique de Guinée n'est pas et ne sera jamais une politique du ventre ».[109]

Aux États-Unis, la réaction du gouvernent resta timide et symbolique dans un registre plus diplomatique. Ils se contentèrent de rappeler simplement l'ambassadeur MacIlvaine pour consultation et décidèrent de faire la politique de l'apaisement. Le but recherché par les États-Unis est avant tout d'empêcher toute prise de contrôle par les Soviétiques de ce pays riche en ressources minières et qui est géographiquement stratégique. Après la vague médiatique et l'humiliation que cette affaire a suscitées aux États-Unis, le 12 décembre 1966 l'ambassadeur MacIlvaine rejoignit à nouveau son poste à Conakry. Le projet de Boké, l'appellation longtemps conservée du projet Alcan, continuait son développement entre les mains financièrement fragiles de la petite société Harvey. Entre 1963 et 1966, elle entreprit des négociations avec les majors de l'aluminium pour mobiliser les financements nécessaires à la construction des infrastructures du projet. Le dénouement de ces négociations eut lieu à Zurich en Suisse en 1966.

La structure d'ensemble du projet a profondément évolué entre 1963, date de la signature de la convention de base, et 1968, début des travaux de construction des d'infrastructures. La capacité de production avait été portée de 1,5 million à 9 millions de tonnes. Cette évolution de la structure du projet a été le résultat d'intenses négociations entre la Banque Mondiale, la société Harvey et les compagnies industrielles intéressées au projet. Les négociations de Zurich sonnent l'entrée des géants industriels dans le capital du projet.[110] L'accord a abouti à

---

[109] Idem.

[110] Alcoa, Alcan, Martin Marietta, Pechiney, Vaw, Montecatini. À l'issue des négociations la Guinée réussie à conserver l'essentiel des

la naissance du « consortium Halco mining » qui transforme la CBG en « Cheval de Troie » des plus grandes multinationales américaines et européennes de l'aluminium. Rappelons que la convention de base signée en 1963 et maintenue en 1966 pour une durée de 75 ans avait prévu la création d'une société mixte indépendante (la CBG) avec un capital social initial de 2 millions de dollars dont 49 % des actions appartiendraient gratuitement au gouvernement guinéen (en paiement de son apport du gisement) et 51 % à Harvey (souscrites en espèces). [111]

Cette ouverture du capital de la Compagnie des Bauxites de Guinée aux grandes firmes a été difficilement acceptée par Harvey. Elle souhaitait garder 80 % des actifs. Ce qui lui permettrait d'opérer un contrôle stratégique sur la compagnie. La petite compagnie américaine se voulait plutôt comme distributrice en bauxite des grandes multinationales, car les potentialités bauxitiques de Boké, annoncées, étaient immenses et riches. Harvey estimait stratégiquement nécessaire de se réserver un droit de contrôle absolu sur la compagnie minière en gestation. Cependant, sous la pression cumulée du gouvernement guinéen, de la Banque Mondiale et de Robert Overbeck Vice — président de la grande firme américaine Alcoa, l'accord aboutit inversement à la cession de 80 % des parts de Harvey contre 8 millions de dollars[112] (100 dollars par action).[113] Une transaction fructueuse en faveur de la

---

acquis qu'elle avait obtenu avec Harvey lors de la signature de la convention de base de 1963.

[111] Mohamed Lamine, Touré, *mémoires d'un compagnon de l'indépendance guinéenne*, Paris, Harmattan, 2009, page 102.

[111] Harvey a acheté chaque action à 20$ et l'a revendu à 100$, soit un profit de 8 millions de dollars.

[112] Mohamed Lamine, Touré, *mémoires d'un compagnon de l'indépendance guinéenne*, Paris, Harmattan, 2009, page 103.

[113] Harvey a acheté chaque action à 20$ et l'a revendu à 100$, soit un profit de 8 millions de dollars.

société Harvey alors qu'elle n'avait réalisé aucun investissement sur le terrain. Les autres sociétés étaient obligées en même temps d'acheter une partie du minerai très pauvre de Kassa (moins de 43 % AL2O3). Repris en exploitation par la société Harvey à partir de 1967 pour approvisionner son usine d'alumine située dans les Caraïbes, ce minerai situé au large de Conakry était auparavant détenu par Bauxite du Midi, filiale française de la société canadienne Alcan.

En 1966, au gré des négociations ténues à Zurich en Suisse la physionomie de l'actionnariat privé se redessine comme suit[114] :

Tableau des actionnaires de la CBG en 1966

Acteurs	**Actions en %**	**Pays d'origine**
État guinéen	49	Guinée
Alcan	13,77	Canada
Alcoa	13,77	USA
Harvey	10,20	USA
VAW	5,10	RFA
Pechiney	5,10	France
Montecatini	3,06	Italie

Le capital social de 2 millions de dollars reparti en 100.000 actions était hautement faible eu égard à la valeur des gisements découverts. Le ministre Ibrahima Soumah estime en revanche que cette banalisation du capital social est une stratégie délibérée des partenaires pour empêcher

[114] I, Soumah, *avenir de l'industrie minière en Guinée*, Paris, Harmattan, 2007, page 124.

toute revalorisation boursière des 49 % de participation gratuite octroyée à la Guinée.

En effet, la convention de base signée en 1963 avait prévu une éventuelle augmentation successive du capital de la société jusqu'à 10 millions de dollars. En même temps, la société Harvey s'était engagée à déposer à la Banque Centrale de la République de Guinée (BCRG), au compte de la société ; 51 % du capital initial (soit 1.020.000 dollars américains) dans les six mois qui suivraient la date de prise d'effet de la convention de base. Cependant, il est à remarquer que la société Harvey signataire de la convention de base de 1962 se fera racheter par la firme américaine de construction aéronautique Martin Marietta. Elle disparaîtra complètement sur la liste des actionnaires privés de la CBG avant le début des travaux de construction des infrastructures.[115] En 1967, le projet de Boké attire encore de plus en plus de firmes, enregistrant à la base les répercussions des mutations en développement dans la structure de l'industrie de l'aluminium. Au cours du développement du projet sous l'impulsion de la Banque Mondiale, d'autres multinationales de l'aluminium, venues de plusieurs pays, entrent dans le capital de la société en modifiant régulièrement la répartition des actions des partenaires privés. En 1998, la composition de l'actionnariat change à nouveau après le rachat par Alcoa des actions détenues par Alumina portant ainsi sa participation à 20 % dans la CBG.[116] L'actionnariat de la compagnie finira par se reconfigurer comme suit :

---

[115] En 1985 la société Martin Marietta est rachetée par trois autres sociétés industrielles : Comalco d'Australie, Reynold des USA, et finalement Billiton de Hollande (filiale de Shell) qui intègrent donc par ce canal le capital social de la CBG.

[116] Alumina est le résultat de transactions financières internes en Italie entre Montecatini et d'autres sidérurgistes italiens.

Tableau des actionnaires de la CBG en 1998

Acteurs	Actions en %	Pays d'origine
État guinéen	49	Guinée
Alcoa	20	USA
Alcan	16,83	Canada
Pechiney	5,10	France
VAW	5,10	Allemagne
Comalco	2	Australie
Reynolds	2,08	USA

En 2 007, à la suite de nouvelles transactions financières et d'offre publique d'achat, la physionomie des actionnaires privés change à nouveau. En 2003, Pechiney est racheté par le Canadien Alcan. En 2007, Rio Tinto acquiert Alcan pour un montant de 38 milliards de dollars, une opération financière record dans le secteur minier. Trois (3) grandes sociétés minières se partagent aujourd'hui les actions des partenaires privés de la CBG.[117]

Tableau des actionnaires de la CBG en 2021

Acteurs	Actions en %	Pays d'origine
SOGUIPAMI	49	Guinée
Rio Tinto Alcan	23	Anglo-australien
Alcoa	23	USA
Dadco	5	Allemagne

B. Le Visage du géant a Boké

Les travaux de construction de la CBG commencent en 1968. Les infrastructures comprenaient des installations

[117] En 2004, Comalco a vendu ses actions à Alcoa et Alcan et Norsk Hydro a vendu ses 10% à Dadco.

industrielles de calcination de la bauxite à Kamsar, un port minier au large de Kamsar, un chemin de fer de 135 km qui relie la mine de Sangaredi aux installations portuaires ainsi que des milliers de logements pour les employés à Sangaredi et à Kamsar. Le montage global du projet flottait autour de 400 millions de dollars à l'inauguration en 1973. Les spécifications techniques de ces infrastructures sont strictement décrites par la convention de 1963 et obéissaient aux standards internationaux en matière de sécurité minière.

Rappelons que le prêt contracté par les firmes multinationales pour financer les installations industrielles a été garanti par l'État guinéen pour 24 ans au taux de 6,5 %. La Guinée a investi 100 millions de dollars pour la construction des infrastructures minières (cité, chemin de fer, port) grâce à un prêt de la Banque mondiale. Après le remboursement intégral de la dette en 1992, les infrastructures ont été reversées dans le patrimoine de l'État guinéen. Une structure coopérative, l'OFAB (Office d'Aménagement de Boké) avait été créée en 1965 par l'État pour assurer la coordination des interventions sur le terrain. L'office prit également en charge l'aménagement et le développement de la région de Boké. Elle construisit dans ce cadre des infrastructures sociales, fournit des équipements de distribution électrique et hydraulique aux communautés, elle s'investit également dans des actions de reboisement et de production agricole en liant développement minier au développement durable. Le gouvernement américain à travers l'USAID, dans le cadre de son appui au projet, accorda un montant non remboursable de 25 millions de dollars pour faciliter les études techniques et les travaux de construction. Ce montant a également servi à la formation des cadres de l'agence de coopération (OFAB) ainsi que ceux des entreprises de construction.[118] Les cadres formés par ce

---

[118] Ibidem, page 127.

canal devaient assurer la relève des expatriés après les premières années de mise en marche de la production. Cinquante ans après, la réalité est que ce processus d'africanisation des cadres de l'entreprise conformément aux dispositions de la convention de base s'est soldé sur des résultats mitigés. Certains postes stratégiques dans la gestion financière de l'entreprise restent encore contrôlés par les partenaires privés de la société. La qualité du service dans certains postes africanisés s'est fortement dégradée à cause des défaillances du processus de qualification dans le domaine du management d'entreprise et de l'éthique des affaires.

Pour assurer la sécurité des fonds investis en Guinée, la convention de base a prévu des garanties prévues par la loi des États-Unis d'Amérique sur la sécurité des investissements à l'étranger. Dans ce sens la convention de base dit que toutes les obligations de la société Harvey ou de toutes autres sociétés américaines en vertu de la convention de base entraînant des dépenses ou des investissements seraient conditionnées à l'obtention de ces garanties. En retour, le gouvernement guinéen donnera son approbation à toutes les mesures destinées à mettre en œuvre ces garanties nécessaires, en conformité des accords passés entre la Guinée et les États-Unis relativement à ces garanties.

Dans l'article 2 de l'avenant N° 1 à la convention de la base, le gouvernement guinéen s'était engagé à ne prendre unilatéralement aucune mesure ayant pour effet d'annuler ou de modifier la convention de base ou d'imposer des charges non prévues dans la convention de base. « De même, il s'était engagé à faire en sorte qu'aucune des concessions, des biens meubles, ou immeubles de Harvey, de la société ne puisse être nationalisée, expropriée, séquestrée ou mise sous contrôle par le gouvernement ni par une administration publique ». Ces dispositions de la convention assurant la sécurité des investissements étaient le résultat de négociations politiques et diplomatiques engagées en 1963 entre Washington et Conakry pour sécuriser les investissements américains en Guinée.

C. Une machine de management atypique

La structure administrative de la société a connu des évolutions au gré des péripéties traversées par l'entreprise. De 1963 à 1998, la compagnie a été définie comme une société mixte dotée d'un conseil d'administration et une direction générale opérationnelle. Elle avait été enregistrée au registre des activités économiques en avril 1964. En 1998, dans le souci d'assurer plus de performance et d'ouverture à l'entreprise elle a été transformée en société anonyme (S.A) enregistrée aux services du commerce de Conakry le 10/09/2001 sans modification du montant du capital social de l'entreprise. En vertu de ce nouveau statut juridique, deux partenaires distincts se partagent les droits et obligations au sein de la CBG. Le partenaire « A » représenté par l'État guinéen avec 49 % des parts sociales. Il a pour obligation fondamentale de fournir la main-d'œuvre valide et les ressources minières (bauxite). Il est également propriétaire exclusif des infrastructures minières (port, chemin de fer, cités d'habitations à Kamsar et à Sangaredi), depuis le remboursement intégral en 1992 de la dette contractée auprès de la Banque Mondiale pour les construire. Le Partenaire « B » désigné sous le nom de Halco (Mining) détient 51 % des parts sociales. Il se doit une assistance technique et de gestion à la CBG conformément à l'accord d'assistance technique et de formation conclu entre la CBG et le consortium Halco le 18 septembre 1968. Le contenu de cet accord demande à Halco de fournir à la CBG un support logistique et de conseil à un prix à convenir, sans en contrepartie un engagement de sa part sur des résultats chiffrés en termes de performance. Cette situation a été négociée au départ dans la convention de base avec la société Harvey, renégociée plus tard en vertu d'un autre contrat d'assistance technique signé le 11 août 1999 et renouvelé tous les 5 ans. L'article 8 de la convention de base dit ceci à ce propos :

« … Harvey apportera à la société aide et assistance technique, lui fournira des techniciens et le fera profiter de son expérience ainsi que des informations et du know-how en sa possession et en celle de ses affiliées, le tout aux prix de revient, frais généraux compris. Harvey fournira notamment son aide technique à la société pour la réalisation par cette société d'une usine de bauxite calcinée et de bauxite chimique en Guinée… »[119]

Selon certains analystes ces accords ne sont en réalité que des instruments de gestion et de contrôle de la société par les grandes firmes actionnaires, dépourvues de toute volonté réelle de transfert de technique et de technologie. Alcoa, actionnaire privé majoritaire (20 %), assure aujourd'hui cette assistance technique de gestion à un coût estimé exorbitant. Elle pratique par ce canal une politique de transfert des bénéfices à son profit. Elle choisit les fournisseurs des pièces de rechange et se facture des coûts incontrôlés d'expertise qui pèsent lourdement sur le chiffre d'affaires de la CBG. Cette manipulation de la comptabilité de la Compagnie et les pratiques de mauvaise gestion qui gangrènent l'entreprise constituent les principaux facteurs à l'origine de la baisse des revenus de la Guinée enregistrés à partir des années 2000.[120] Même si des données précises

---

[119] Guinée-Harvey, *Convention de base de C.B.G*, 1963, page 12.

[120] Ce contrat inclut la gestion administrative, la tenue de la comptabilité de la société, le contrôle et le choix des fournisseurs, la négociation des conditions de fourniture et de direction opérationnelle et technique de la société. Il a été de même prévu que Alcoa va donner à la société l'opportunité de bénéficier des technologies les plus modernes, de son savoir-faire dans l'industrie de la bauxite et de son expérience.

sur le poids de l'assistance technique dans le chiffre d'affaires de la société ne sont pas spécifiquement disponibles, l'inefficacité de cette assistance pourrait se mesurer par l'augmentation tendancielle des coûts de production, sans négliger dans cette envolée des coûts de production le poids des charges périphériques et sociales pour la fourniture de l'eau et l'électricité à Kamsar et à Sangaredi, les vols de carburant farouchement combattus par l'ancien Directeur Kemoko Touré. Ce dernier estime les pertes de revenus liées à ces pratiques de mauvaise gestion, notamment la corruption, à 20 millions de dollars par an.[121]

En passant d'une société mixte à une société anonyme, la structure administrative de la société a connu également des transformations pour l'adapter à ce nouveau régime juridique et économique, tout en se conformant au passage avec les nouvelles dispositions du code minier adopté en 1995. Elle comprend aujourd'hui quatre niveaux de structuration administrative :

➤ **Un Conseil d'Administration :**

C'est la plus haute instance de prise de décision de la société. Il assure l'orientation générale de l'entreprise et prend toutes les décisions stratégiques de la CBG ; approuve le budget, les comptes de l'entreprise et se prononce éventuellement sur des questions de fusion, de prorogation et de dissolution anticipée de l'entreprise. L'épineuse question de la modification des statuts et, par ricochet, de l'augmentation ou de la diminution du capital relève de la souveraineté exclusive du CA. La convention de base définit dans son article 2 les pouvoirs du conseil en ces termes :

« Le conseil sera responsable de la direction des affaires de la société, il définira le programme général d'action de la société pour assurer à la fois les meilleurs résultats

---

[121] Kemoko Touré, Mémoire, mes années passées à la CBG, page 54, 2016.

commerciaux et financiers. À la clôture de chaque exercice, le Conseil d'Administration établira sur la base des éléments qui lui seront fournis par le Président directeur général, sous le contrôle général de son Président, un inventaire, un compte de profits et pertes, ainsi qu'un rapport aux actionnaires sur la marche de la société ».[122]

Le Conseil d'administration est composé de dix membres nommés équitablement par chaque partie pour une période d'une année renouvelable et se présentant comme suit : cinq représentants du gouvernement guinéen et cinq autres représentants les actionnaires privés réunis au sein du consortium Halco. Ces derniers nomment le Directeur général de la société et le gouvernement guinéen nomme à son niveau le vice-directeur général. Ce Conseil se réunit deux (2) fois par an en session ordinaire ou en cas de nécessité en session extraordinaire. Le Directeur général n'est pas membre d'office du conseil d'administration. Il ne peut y assister que s'il est invité pour répondre à des questions techniques, ou départager les parties dans des situations de blocage décisionnel au cours d'un vote. Cela a toujours offert à Halco le pouvoir déterminant et décisif en matière de politique d'orientation stratégique de la société, puisque c'est elle qui nomme le Directeur général de la société. Cette situation d'asymétrie décisionnelle a longtemps permis aux partenaires privés de bloquer toute possibilité d'augmentation des capacités de production au-delà des besoins stricts en bauxite de leurs propres alumineries. La compagnie devenait en quelque sorte une vache laitière en matière première aux partenaires privés sans une prise en compte effective des intérêts économiques et industriels de la Guinée.[123]

---

[122] Guinée-Harvey, Convention de base de C.B.G, 1963, page 4.

[123] I, Soumah, *avenir de l'industrie minière en Guinée*, Paris, Harmattan, 2007, pages 130, 131.

L'un des handicaps majeurs dans l'application des dispositions juridiques de la convention de base de 1963 et des protocoles additionnels demeure la faible capacité managériale des représentants de la Guinée au sein du Conseil d'administration. L'ex. Directeur de la CBG, Kémoko Touré, témoigne dans ses mémoires provisoires parues en 2016 de cette inertie compétitive, technique et proactive de la partie guinéenne : « les partenaires privés maîtrisent parfaitement les dossiers de la société et les textes juridiques qui régissent son fonctionnement. Ils développent des arguments soutenus par des chiffres convaincants à l'occasion des Conseils d'Administration. Par contre, la partie guinéenne reste le plus souvent muette et se contente toujours de valider les propositions faites par les partenaires ».

Cette situation a longtemps entravé l'effectivité des dispositions avantageuses pour la Guinée comme l'article 9 sur le droit de transporter 50 % de la production de bauxite ou la transformation sur place de la bauxite en alumine. Par ailleurs, le marché international de la bauxite fortement désorganisé a instauré la pratique des pénalités sur le métal contenu. Elle consiste à distribuer des pénalités positives ou négatives au minerai qui arrive sur le marché en fonction de la faiblesse de la teneur en silice et de la forte teneur en alumine. Un mécanisme préjudiciable à la fois sur le plan écologique, sur la durabilité et la rentabilité de la bauxite guinéenne, d'autant plus que le développement technologique permet aujourd'hui la consommation de bauxite titrant à 35 % d'alumine. Par ailleurs, la bauxite guinéenne la plus riche au monde en alumine n'a en retour tiré aucun bénéfice en primes sur la positivité de sa teneur en alumine.[124] Il est par conséquent curieux qu'elle soit

[124] Le LME de Londres, applique une prime de 0,35$ par point pour toute bauxite supérieure à 60% d'alumine. Une pénalité de 0,70$ par point pour toute bauxite au-dessus de 1,5% de silice.

négativement frappée par les clients (partenaires) d'une pénalité estimée par Kémoko Touré à 20 millions de dollars par an.[125]

En outre, les compagnies minières lucres comme CBG, perdues dans les belles terres tropicales représentent toujours des opportunités d'optimisation fiscale, ou d'expatriation oisive pour certaines catégories sociales en perte d'intégration professionnelle dans les pays du Nord. La durée d'expatriation prévue pour quatre (4) ans par les textes de l'entreprise semblait se muer en carrière de fonction publique, pour certains expatriés qui y étaient en place depuis plus de 10 ans. L'extension des capacités de production de la bauxite en faveur d'autres clients potentiels en dehors des partenaires traditionnels souffre toujours d'application.

À partir de 1999, la signature par les parties d'un protocole additionnel modifie le mode de fonctionnement du Conseil d'Administration. Le président du conseil a été investi de la mission de représentation de la société auprès de tous les tribunaux de droits communs ou d'exceptions guinéennes ou étrangères en vue de défendre les intérêts de la société. Mais cette fonction est en réalité très symbolique ou fictive, dans la mesure où le président du conseil n'exerce aucune influence en matière de prise de décision stratégique sur la vie de l'entreprise. En revanche, le changement le plus important apporté par ce protocole de 1999 a été la privation du directeur général du droit au vote dans le processus décisionnel. Une réforme qui a restauré une certaine équité entre les parties dans le vote, tout en les obligeant au recours à la voie consensuelle comme approche décisionnelle du CA.

En outre, le Conseil d'Administration a créé plusieurs comités pour des missions techniques consultatives ou

[125] Kemoko Touré, *mes années passées à la tête de la compagnie des Bauxites de Guinée*, 2016, page 74.

d'audits. Ces comités étudient les dossiers sur demande du Conseil d'Administration dans leurs domaines de compétences : préparation des réunions du Conseil d'Administration, déploiement des missions d'audit interne et de gestion comptable et financière, revue des opérations de l'entreprise et des investissements. Ces comités se réunissent généralement deux (2) fois au cours de l'année et réunissent des représentants désignés par les actionnaires de la Compagnie.

➢ **Une Direction générale :**

Elle est chargée d'exécuter les différentes opérations de production, de transport et de calcination de la bauxite extraite dans la mine de Sangaredi. Elle est composée d'un Directeur général et de plusieurs autres directeurs de groupes qui correspondent à différents axes de management et de gestion d'une entreprise minière à savoir : le groupe chargé des opérations industrielles, groupe chargé des services techniques, groupe chargé de la comptabilité et des finances, groupe chargé de la logistique et de l'informatique, le groupe chargé des ressources humaines et de l'administration à Kamsar et le groupe chargé de la mine à Sangaredi.

À la tête de la direction générale est placé le Directeur général. Une fonction hautement technique, industrielle et managériale. Elle est d'abord définie dans l'alinéa 6 de l'article 2 de la convention de base :

« … effectuer toutes transactions commerciales et financières conformes au but poursuivi par la société ; négocier et signer tous marchés, contrats et conventions s'y rapportant ;

— Recevoir fonds, paiements, marchandises, équipements ou documents et titres de tous genres ; autoriser toutes dépenses et payer toute somme due ; donner décharge ou acquit ;

— Ouvrir des comptes en banque et en assurer l'opération en exécutant tous les dépôts et retraits, accorder et retirer des garanties et endosser les lettres de change et les traités ;

— Décider des responsabilités des cadres de direction ou d'exécution, des équipes de travail, des agents et de leurs qualifications ;

— Recruter ou congédier tout le personnel de direction, les contremaîtres, employés ou travailleurs ; déterminer les traitements, salaires, primes et gratifications ;

— Assurer les pourparlers et conclure les accords relatifs à toutes les affaires de la société ; conférer aux arbitres si nécessaire les pouvoirs d'amiables compositeurs… »[126]

Le Directeur général est assisté par un Directeur général adjoint dont les fonctions précises restent encore floues. Ce dernier est nommé par un décret du Président de la République de Guinée sur la base d'une proposition faite par le ministre des Mines. La convention de base indique simplement qu'il assiste le Directeur général de la société, mais sans aucune précision de ses fonctions spécifiques. Dans son article 2 aliéna 6, elle dit ceci à ce propos :

« … le Directeur général assumera la direction générale de la société et il sera assisté du Directeur général adjoint, qu'il associera d'une manière générale à la direction de la société et en particulier qu'il consultera et informera chaque fois que cela sera conforme aux intérêts de la société… ».[127]

Ce qui en réalité fait du Directeur général le seul et véritable chef de l'entreprise. Une situation qui a longtemps octroyé plus de pouvoir aux partenaires privés dans la gestion des affaires courantes de la Compagnie des Bauxites de Guinée. L'ensemble des services de la société emploie un effectif de 2220 travailleurs nationaux et étrangers (ITIE, 2018).

---

[126] Guinée-Harvey, *Convention de base de C.B.G*, 1963, page 5.

[127] Guinée-Harvey, *Convention de base de C.B.G*, 1963, page 5.

La grande particularité de la CBG par rapport aux pratiques actuelles régissant la fiscalité des entreprises minières réside dans le régime fiscal qui lui est soumis, notamment en ce qui concerne l'impôt sur les sociétés, même si la société est fiscalement soumise au régime de droit commun. En effet, l'article 6 de la convention de base lui accorde une exception en matière d'impôt sur les sociétés. Cet impôt est calculé en additionnant deux (2) pourcentages.

— 30 % des bénéfices sur les revenus imposables,

— 50 % de ce qui restera de ces bénéfices nets taxables après paiement des 30 % au gouvernement, donc les 35 %.

La part de l'État représente alors 65 % des bénéfices nets taxables de la société. Le paiement de l'impôt est mensuel sur la base d'une estimation au ½ des bénéfices taxables. Il est remarquable de souligner une exonération totale de la CBG des droits de douane à l'exportation, en dehors de la difficile parenthèse de la taxe spéciale (TSPM) instaurée en 1975. Elle reposait sur une taxe de 0,075 % sur chaque tonne de bauxite indexée sur le prix du lingot d'aluminium coté au LME de Londres. Devant la pression constante des partenaires, elle sera supprimée en 1999 à l'issue de longues négociations. Le régime fiscal de la convention de base de 1963 s'applique toujours à la CBG avec tous les avantages, en dépit des réformes successives opérées par les différents codes miniers sur la fiscalité minière en Guinée.

CHAPITRE V

Les villes rouges

SECTION 1.1. IMPACTS DE LA C.B.G SUR LA VILLE MINIÈRE DE SANGAREDI ET LA VILLE PORTUAIRE DE KAMSAR

La sous-préfecture de Kamsar est située dans la préfecture de Boké à environ trois cents kilomètres de Conakry. Elle couvre une superficie de 472 km^2 et une population de 360 000 habitants selon les données de 2016 de l'IND.[128] Elle est limitée à l'est par la sous-préfecture de Kolaboui, au nord par celle de Bintimodia, au sud par celle de Kanfarandé, à l'ouest par l'océan Atlantique.[129] Elle compte quatorze districts : Kamsar cité, Kamsar centre, Kassongoni, Filima, Kamakouloun, Madina Mabof, Missira, Kantongoni, Kakineussi, Kawas, Taigbé, Koufen, Binari, M » botine.[130] Selon la chronique locale, le terme Kamsar proviendrait de l'expression Baga « Akem Sarè » qui se traduit par « Qu'avez-vous sur la tête ? ». Les Baga, premiers habitants de la localité, y sont arrivés au tour du XIe siècle après une longue marche depuis les montagnes du Fouta Djallon. Ils s'occupent essentiellement de la riziculture dans les bas-fonds inondés couvrant la majeure partie de la superficie de Kamsar. Ils pratiquent également

---

[128] Institut National de la Démographie.

[129] Mouhad 1 Bangoura, chef service environnement Kamsar, 7 août 2014, 9 h 17.

[130] Samakaba, sous-préfet Kamsar, 6 août 2014, 11 h T.U.

en alternance la pêche artisanale le long des côtes et dans les îles avoisinantes. Ce peuple du riz et du vin vécut longtemps en autarcie, libéral, isolé des autres communautés du Nuñez, sans véritable autorité politique centralisée. La communauté Baga reste néanmoins attachée à l'autorité religieuse du Simo. Le ministre de la forêt sacrée, le Kakilombé, joue un rôle d'encadrement et d'éducation de premier ordre, mais qui est, de nos jours, un cadre socioculturel authentique profondément annihilé par le développement de l'industrie minière.

La Sous-préfecture de Sangaredi quant à elle est située à 70 km à l'est de Boké ; elle couvre une superficie de 2837 km^2 et compte une population de 81 736 habitants (2016). C'est un espace de transition entre les contreforts du Fouta Djallon et les plaines de la basse côte. Elle est limitée à l'est par la sous-préfecture de Missira (Télémele), à l'ouest par la sous-préfecture de Tanènè (Boké), au nord par la sous-préfecture de Wendou Mborou (Gaoual), et au sud par la sous-préfecture de Daramagnaki (Télémélé), et Malapouyah (Boké). C'est une sous-préfecture à vocation agropastorale repartie en 11 districts : Balandougou, Bappasergent, Boullèrè, Guildhè, Kourawel, Lavage, Silidara, Souckaya, Tyankounaye, Wossou.[131]

À l'indépendance de la Guinée en 1958, le gouvernement de la première république avait décidé dans le cadre des plans de développement économique de mettre en valeur les immenses gisements de bauxite de la région de Boké. Une convention est signée en 1963 avec la société américaine Harvey Aluminium donnant ainsi naissance à la CBG. Une mine à ciel ouvert est ouverte sur le plateau de Sangaredi, ainsi qu'une base logistique et des cités d'habitations pour les travailleurs. Des installations industrielles de séchage partiel de la bauxite, un port

[131] Fara Nestor Leno, chef service Développement rural, Sangaredi, Septembre 2014, 12h 00'.

minéralier et des cités d'habitations sont également construites à Kamsar.

Selon le témoignage de M. Salifou Camara, enseignant arrivé à Kamsar en 1967, Boké (Baralandé) située à mi-chemin aurait été le premier lieu choisi par les autorités de l'époque pour abriter la cité des travailleurs. Mais les notables de Boké se seraient opposés à cette proposition, redoutant les répercussions sociales et politiques de l'afflux massif de migrants et l'envahissement de leur terroir par les pouvoirs administratifs. Devant le refus des populations de Boké, le président Sékou Touré aurait alors désigné le petit village Baga de Kamsar pour abriter une partie des infrastructures (port, usine, cité).

A. Impact de la CBG sur le secteur de l'Éducation à Kamsar et à Sangaredi :

La première école de Kamsar a été créée en 1962, la première salle de classe était une chambre de maison qui avait été cédée par El Salam Bangoura. Monson Bangoura sera le premier enseignant à y être affecté. En 1968, le lycée Amadou Matar M'Bow sera construit parallèlement à la cité par l'OFAB.[132] Elle était prévue au début comme une école pour les enfants des travailleurs avec 21 salles de classe. En janvier 1982, un projet d'extension a été initié par le président Sékou Touré en vue de séparer M'Bow de la cité et permettre ainsi aux enfants du village d'y avoir accès. La CBG finance 70.000 dollars pour l'extension des capacités d'accueil de l'établissement. La CBG finance également 70.000 dollars pour la construction d'une nouvelle école pour les enfants des expatriés. Le projet d'extension de M'Bow sera réalisé en trois phases :

---

[132] Nom de l'ancien secrétaire général de l'UNESCO qui avait visité les installations dans les années 70.

Pendant la première phase, trois (3) blocs de 3 salles de classe chacun, une direction et des toilettes sont réalisées. Pendant la deuxième phase, trois (3) blocs de 3 salles de classe chacun, une direction et des toilettes sont construites. La troisième phase du projet d'extension est interrompue en 1984. Elle consistait à réaliser trois (3) autres blocs de 3 salles de classe chacun. Au total, 18 salles de classe supplémentaires avaient été réalisées. En 2014, le lycée M'Bow comptait 34 salles de classe, 63 professeurs, et plus de 3000 élèves sur les 15000 qui étaient estimés à cette date pour toute la sous-préfecture de Kamsar.[133]

La CBG assure toujours l'entretien de l'établissement, la vidange des toilettes, l'abatage des arbres nuisibles, le dépannage de l'électricité, la fourniture de l'eau potable et de l'électricité, le logement et la dotation du proviseur. Cette école avait par le passé enregistré de grands succès pendant les examens nationaux, avec des records de 60 % au bac et plus de 65 % au BEPC. Les élèves étaient beaucoup plus enclins pour les sciences exactes dans l'espoir de revenir travailler un jour dans la CBG comme ingénieurs ou dans une autre fonction technique. Cependant, au sein de l'école, des difficultés se posaient quant à l'encadrement des enfants des hauts cadres de l'entreprise, souvent nourris par un étrange sentiment de raffinement culturel par rapport aux autres élèves originaires du village, mais, aussi, une tendance déplacée à l'occidentalisation (habillement, manière de parler, relations sociales). L'implantation de cette école au cœur de la cite représentait en outre un risque important d'insécurité pour les installations de la compagnie, situées à quelques mètres de l'établissement. Pendant les soulèvements, les élèves n'hésitaient pas à s'attaquer aux installations de la compagnie pour exprimer leur sentiment de révolte. Ce qui

---

[133] Mamadou Khalissa, Proviseur du lycée M'Bow, 3 septembre 2014,15h 00'.

explique aujourd'hui le souci de délocalisation de cette école hors de la cité, exprimé par la CBG. En plus, nous observons de nos jours une certaine vétusté de l'infrastructure. Aucune rénovation n'a été entreprise depuis sa construction en 1968 et son extension quelques années après. À cela s'ajoute la faiblesse des capacités d'accueil de l'école par rapport au nombre sans cesse croissant d'élèves.

La sous-préfecture de Kamsar connaît en général un surpeuplement des effectifs scolaires, près de 15 000 élèves en 2014 avec des moyennes de 120 élèves par classe assis à 6 par banc. Ce surpeuplement scolaire a emmené l'État a divisé la direction sous-préfectorale de l'éducation (DES) en deux zones.

— La zone 1 avec 10 écoles publiques et 17 écoles privées

— La zone 2 avec 22 écoles publiques et 10 écoles privées.

L'augmentation croissante du nombre d'élèves par rapport à la faiblesse des infrastructures d'accueil demeure le principal problème auquel est confronté le secteur de l'éducation à Kamsar.[134]

La CBG a entrepris beaucoup d'efforts pour la construction d'écoles, la prise en charge, le logement et la nourriture en faveur de certains enseignants, l'octroi de prix d'encouragement pour les écoles, la formation des chefs d'établissement en management, l'ouverture d'une bibliothèque communautaire, l'électrification de la cité et de certaines écoles. La présence de l'électricité et l'arrivée récente de l'internet ont permis aux élèves de Kamsar l'utilisation intensive des nouvelles technologies de l'information, pour des recherches avancées sur le contenu des programmes d'enseignement. Ce qui a permis à Kamsar d'enregistrer par le passé des taux de réussite élevés dans

[134] Sékou Tidjane Soumah, DSSE Kamsar, 3 septembre 2014, 12h30'.

les examens nationaux avec plus de 70 % d'admission en moyenne au bac.

La bibliothèque communautaire construite par la CBG en 1997 a fini par s'ériger en un véritable centre de formation et de recherche scientifique. Un couple d'expatriés M. et Mme Jules Bernier ont été les pères fondateurs de cette bibliothèque. Grâce à leur contribution, ce centre de culture compte aujourd'hui plus de 9818 ouvrages pour toutes les disciplines, scientifiques littéraires et techniques. Madame Mariam Soumah, directrice en 2014 et principale promotrice de ce centre culturel, y est arrivée en 1997, après une année de chômage à partir de la fin de ses études supérieures. En 2014, le centre a enregistré 277 abonnements et le taux de fréquentation est estimé à 1382 personnes pour le 3e trimestre 2014, dont 67 hommes, 12 femmes, 800 garçons et 509 filles. Le centre a élargi ces domaines d'activités à d'autres secteurs notamment l'alphabétisation, l'apprentissage de la couture, la tricoterie, un centre de loisirs pour les tout-petits : dessins, coloriages, poésies, contes, lectures, formation en informatique. La CBG assure pour le centre, la fourniture en eau, électricité, équipement mobilier, rayons pour les livres.[135]

Le centre a permis en outre la naissance d'un club littéraire dénommé « Club Kiridi Bangoura » qui organise tous les vendredis des conférences et débats sur des thèmes variés, et organise des entretiens entre jeunes et hauts cadres de la CBG pour des partages d'expériences. Les élèves membres du club ont souvent été classés parmi les lauréats de la République au bac. Il est à regretter l'absence à Kamsar d'un musée de la culture Baga, une culture, d'une richesse inestimable tant par ses masques, danses, chants que ses coutures.

---

[135] Mariame Soumah, Directrice bibliothèque communautaire de Kamsar, Aout 2014, 12h 00'.

La présence de la CBG à Kamsar a, dans d'autres aspects de l'éducation, complètement transformé les mœurs et les attitudes sociales : la façon de parler des jeunes plus ou moins mimée à celle des expatriés, des comportements très acculturés (modes vestimentaires, expressions, fréquentations, passions, préférences, rêves...). Les nuits à Kamsar ont l'allure d'un micro Las Vegas des tropiques avec ses lieux de loisirs huppés, le très célèbre Dougoufissa construit par la CBG pour l'épanouissement des travailleurs et de leurs familles. Une dizaine de clubs de nuit très fréquentés pousse aux périphéries de la cité, attirant des clients venus de partout, notamment de Conakry pour y passer les week-ends loin des embouteillages asphyxiants de la grande capitale.

Dans la zone minière de Sangaredi, l'arrivée de la CBG en 1968 a entraîné de fortes mutations dans le secteur de l'éducation. Avant le démarrage des travaux de construction des infrastructures de la CBG en 1968, toute l'administration publique se trouvait dans l'arrondissement de Boullérè à 17 km de l'actuelle Commune rurale de Sangaredi. La première école de l'arrondissement, construite à l'époque coloniale, comptait en 1969, l'effectif de 37 élèves et 2 enseignants. En 1973 /1974, le chiffre est monté à 56 élèves avec 4 enseignants. Après l'installation de la CBG dans la zone et le début de l'exploitation minière, toute l'administration a été transférée près de la cité des travailleurs construite sur le plateau de Sangaredi.

À l'image de Kamsar, l'école Dina Salifou, 2e et 3e cycle, avait été construite et inaugurée dans la foulée des autres installations de la compagnie et à l'image de Matar M'bow, cette école était prévue pour les enfants des travailleurs de la compagnie. Elle comportait 3 blocs de 8 salles de classe, la direction, les toilettes et une vaste aire de jeux et de divertissement. La CBG assurait l'entretien, l'équipement et réparait même les serrures endommagées. En 1984, la

CBG s'était désengagée de l'école, mais a continué à assurer quelques petits services, notamment la fourniture en électricité et en eau potable, les réparations pour des destructions liées à des catastrophes naturelles sur demande des autorités scolaires. En 1997, l'école avait participé à un concours africain de dessin organisé par l'UNESCO et avait remporté le premier prix. À partir de cette date, l'école a intégré la liste des écoles associées de l'UNESCO, et a commencé à bénéficier des courriers et programmes annuels proposés par l'UNESCO pour ses écoles associées. Le partenariat comportait un ensemble d'activités mensuelles à réaliser au sein de l'école sur financement de l'UNESCO à travers diverses journées internationales. C'est dans ce cadre qu'elle a adopté la charte des écoles associées à l'UNESCO dont certaines dispositions interdisaient par exemple de fumer à l'intérieur et autour de ces écoles. À titre d'exemple, le 8 septembre de chaque année est célébré dans le programme mensuel des écoles associées à l'UNESCO comme une journée internationale d'alphabétisation. À l'occasion de cette journée, des activités de sensibilisation en faveur de l'éducation sont organisées dans ces écoles. Cependant, avec le temps, l'inertie et le désintéressement ont contribué à freiner ces programmes qui ont complètement disparu dans les activités de l'école Dinah Salifou, rebaptisée depuis 1997 école UNESCO dans tous les documents administratifs de l'État.[136]

En 2000, l'école avait atteint le chiffre exponentiel de 1291 élèves avec seulement 42 enseignants. De nos jours, l'école compte avec les différentes extensions, 17 salles de classe, 1202 élèves avec des effectifs pléthoriques de 100 élèves par salle, encadrés par 29 enseignants. La baisse du nombre d'enseignants s'explique par la démotivation, le

[136] Mouctar Diallo, censeur lycée UNESCO, 25 septembre, 2014, 10h 30.

souci de trouver d'autres emplois mieux rémunérés et l'explosion des écoles privées. Par le passé, cette école avait enregistré des moyennes de 80 % de réussite au bac, un chiffre en constante régression de nos jours. En 2013, les examens nationaux ont enregistré des taux très faibles de 45,45 % de réussite. La démission parentale, le faible niveau de formation et d'expérience des enseignants et le manque de volonté de faire carrière dans l'enseignement sont des raisons qui expliqueraient cette baisse du taux de réussite. L'école rencontre aujourd'hui d'énormes difficultés en matière d'infrastructures, de personnel d'encadrement et d'équipements, mais aussi de problèmes de délinquance juvénile. Une certaine nostalgie des années où la CBG prenait en charge cette école se remarque partout dans les propos du personnel de l'administration scolaire, des enseignants et des parents d'élèves.

En 2014, la CBG a construit et équipé au total 16 écoles dans la commune rurale de Sangaredi. La commune comptait à cette date un total de 70 établissements d'enseignement élémentaire et secondaire, publics et privés. La démographie galopante de la ville a entraîné une pléthore dans les salles de classe avec une moyenne de 80 élèves par classe à l'élémentaire.[137] L'action du CDE (Comité de Développement de l'Élève), une structure des élèves chargées d'accompagner les autorités scolaires dans la gestion et l'encadrement des élèves, a contribué considérablement à la diminution des fléaux de violences scolaires. Aux examens nationaux de 2014, les écoles de Sangaredi ont enregistré un taux global de réussite de 54,74 % au BEPC.[138]

Grâce à la CBG, une grande culture urbaine s'est développée dans la ville, avec un grand centre culturel construit par la compagnie comprenant une salle de

---

[137] Elhaj yaya Camara, DPE Sangaredi, 23 septembre 2014, 10h 30.

[138] El hadj Yaya Camara, DPE Sangaredi, 23 septembre 2014, 10h 30.

conférence, une salle de spectacle et une salle de cinéma. En 2014, onze (11) night-clubs étaient en activité pour une ville de 80.000 habitants. La consommation d'alcool y est réputée être l'une des plus élevées du pays.

B — Impacts sociaux de la CBG à Kamsar et a Sangaredi :

En 1940, le village de Kamsar comptait 217 citoyens imposables d'impôts et était divisé en six (6) hameaux : Tassigbely, Kamsar Sossotayi, Kassongoni, Kalehire, Filima, Lintagna. Selon El hadj Salifou Sylla, notable à Kamsar et chef du secteur 5 dans le quartier Bagataye, en 1958, à la suite des mouvements politiques consécutifs aux vagues d'émancipation politique d'après-guerre, le chef du village Ousmane Sylla démissionna au profit d'Alpha Bangoura.[139]

L'arrive de la CBG et le début des chantiers de construction des installations en 1968 attire les populations de toutes les régions naturelles de la Guinée. Selon une étude publiée par Mohamed Lamine Keita, Directeur national de la statistique, la population avait déjà atteint 730 habitants en 1968. Au fil des années, la ville s'agrandit et compte de nos jours près de 360.000 habitants. La cité construite au début pour 6000 habitants se retrouve aujourd'hui étouffée avec plus de 44.000 habitants et compte huit secteurs (AMACEF, CBG, OFAB, PORT, CAMP BALANTA, YAMOUSSOKORO, MINEL, BAFOND...). En février 1983, selon la même étude du Directeur national de la statistique, la ville de Kamsar atteint 8000 habitants, soit un taux d'accroissement annuel moyen de l'ordre de 11 %. L'analyse de cette enquête démographique montre que sur les 6461 résidents en 1988 et qui ont été suivis par l'enquête, seuls 455 (7 %) étaient originaires du village de Kamsar. Plus de 93 % de la population du village étaient

---

[139] El hadj Salifou Sylla, chef secteur 5, 9 aout 2014, 12H 2O.

donc constitués d'immigrants venus des villages voisins, des autres préfectures du pays, de l'extérieur du pays et d'enfants nés de parents immigrants. Au total, plus de 6000 immigrants se sont installés dans le village de Kamsar de 1968 jusqu'à la date du recensement en 1983. Les années 1973, 1978 et 1980 ont enregistré les plus importants nombres d'immigrants de chefs de ménages avec le démarrage de l'exploitation de l'usine de Kamsar. La même enquête indique que les motifs économiques expliquent la migration de la plus grande partie des chefs de ménages vers Kamsar (51 %) et dans l'ordre de 63 % des migrations individuelles (10 à 15 ans). Après le début des premières migrations, les secondes vagues d'arrivées étaient liées à la famille (mariage, parenté).[140] De nos jours, la ville se trouve complètement asphyxiée par l'explosion démographique, Kamsar étant une presqu'île balafrée à plusieurs endroits par des estuaires inondés. Ce qui explique d'ailleurs l'allongement à l'infini de la ville tout le long de la nationale Kolaboui-Kamsar. Depuis 2015, à la suite du développement des projets GAC et SMB, le taux de croissance démographique est de 100 % dans certaines zones. À Kamsar tout comme à Sangaredi, la présence des expatriés ou des travailleurs venus d'autres régions de la Guinée ont donné naissance à une symbiose culturelle d'une grande diversité. Les nombreux couples mixtes, les métissages et les brassages culturels témoignent de l'intensité des relations sociales et culturelles en œuvre. Se marier à un travailleur ou une travailleuse de la CBG est un marqueur d'ascension sociale très recherché. Les divers produits de dotation des travailleurs (lait, sucre, riz, savon, huile, effets de toilette, draps de lit…) d'origine américaine sont prisés de toute la Guinée. Travailler à la CBG était devenu (les conditions ont changé entre-temps) un

[140] M.L, Keita, « influence des nouvelles migrations sur les courants migratoires vers la capitale » in, w.w.w.bioline.org.br, aout 2014.

révélateur des possibilités de transformations sociales profondes portées par une entreprise minière ; un symbole de réussite sociale qui a fini par s'effilocher au fil du temps.

Dans le cadre de l'aide sociale aux travailleurs, La CBG avait mis en place un système d'aide à l'habitat qui avait permis à des centaines de travailleurs de la compagnie de bénéficier d'une maison d'habitation privée. En 1998, le programme a commencé avec la mise en place du projet d'habitat PLV (programme, location, vente) qui permettait aux travailleurs qui le désiraient de bénéficier d'une maison construite par la CBG. Ils remboursaient progressivement la maison par des prélèvements mineurs sur leurs salaires. La période de remboursement pouvait s'étendre jusqu'à 10 ans. Au total, 116 travailleurs de la CBG et 7 travailleurs de L'ANAIM ont bénéficié de ce programme. En plus, 73 autres travailleurs de la CBG avaient bénéficié du programme HCP. Le programme HCP permettait d'aider les travailleurs qui avaient commencé à construire sans pouvoir l'achever de terminer rapidement, leur maison. Les programmes PLV et HCP avaient été remplacés au début des années 2000 par le FAH (Fonds d'Aide à l'Habitat).[141]

Pour exécuter ce second programme, un fonds de garantie avait été constitué et placé dans une banque. Les travailleurs peuvent à travers ce prêt auprès de la banque acheter un terrain pour construire, modifier, agrandir ou acheter une maison à usage d'habitation partout où ils souhaitent en Guinée, sous réserve de l'acceptation de la banque de financer dans la région choisie. Le remboursement est mesuré et fixé à 35 % du salaire après déduction des charges de remboursement de tous les prêts ou avantages accordés par la CBG. Les intérêts générés par le fonds d'aide dans le compte en banque sont redistribués en partie aux seuls bénéficiaires de crédit jusqu'à concurrence du montant maximum de crédit. À l'intérieur

[141] Alseny Camara, syndicat CBG/Kamsar, 4 septembre 2014, 12h 30.

de la compagnie, la politique de logement en matière d'habitat dans la cité obéit à une attribution sur la base de critères objectifs de tous les logements disponibles dans la cité de la ville portuaire à Kamsar et à la cité des travailleurs à Sangaredi. Cette politique de logement s'applique sur 9 types de bâtiment et se matérialise par la signature d'un contrat d'habitat avec l'occupant établissant le rôle, la responsabilité et la récupération du logement. Plusieurs critères de base (l'ancienneté, le grade, le nombre de postes…) sont appliqués pour l'attribution des logements. Une commission spéciale composée des membres de la direction, des syndicats et d'un représentant des travailleurs a été constituée pour attribuer les logements selon les critères prédéfinis.

Le problème le plus délicat qui s'est posé dans le fonctionnement du personnel de la CBG réside dans le programme d'africanisation des postes. Ce programme de restructuration du personnel représentait un défi quant au niveau de la formation des ouvriers guinéens. Ceux-ci devaient répondre aux exigences des opérations industrielles en matière de productivité industrielle et de protection de l'environnement. Pour assurer cette performance, un budget annuel de 2 millions de dollars a été mis en place par la CBG pour assurer une formation régulière des ouvriers et des cadres de l'entreprise. Certains de ces cadres de la CBG constituent aujourd'hui une expertise nationale dans leur domaine. Cependant, nous constatons une dégradation de la qualité de certains services à la suite de certaines défaillances du programme d'africanisation des postes de responsabilité dans l'entreprise. La faiblesse managériale de certains cadres africains est une réalité reconnue jusqu'au niveau des centrales syndicales des travailleurs de la CBG. Cette situation a entraîné des frustrations et des tensions sociales très fortes au sein de la compagnie. Le manque d'émulation, l'absence de motivation, la suppression de certains stimulants sociaux qui avaient été instaurés par les expatriés (baptême, décès…) sont des facteurs qui ont négativement pesé sur la qualité des relations sociales au sein de la CBG.[142] Le phénomène de corruption et de vol de carburant gangrène l'entreprise à tous les niveaux, entraînant des pertes de revenus que l'ancien Directeur Kemoko Touré estime à hauteur de 20 millions de dollars par an.

Malgré les multiples avantages sociaux de la CBG en faveur de ses travailleurs, une enquête de L'AFP publiée le 27/10/2008, dénonce ce qu'elle appelle les « oubliés de la bauxite ». Cette catégorie sociale en marge des robinets de la rente, désigne l'immense majorité des populations désœuvrée de Kamsar ne bénéficiant d'aucune retombée directe ou indirecte liée à l'exploitation de la bauxite. Cette déception permanente de se voir comme « les oubliés de la bauxite » se transforme fréquemment en révolte populaire orientée contre les infrastructures publiques et privées. Ces mécontents bloquent régulièrement la voie ferrée pour exprimer leur désarroi.

Pour faire face à cette forte pression sociale, la CBG a entrepris en 2010 un projet communautaire inédit d'aide aux jeunes et aux femmes. En réorientant une partie des fonds destinés aux projets sociaux à des microprojets. Le fonds sert à créer des TPE (très petites entreprises) employant des jeunes (70 %), femmes (20 %) et des anciens travailleurs de la CBG (10 %). Ce sont des micros entreprises industrielles ou commerciales créées dans un but social par des jeunes et des femmes dans des activités génératrices de revenus et d'emplois. Ces TPE sont implantées dans tous les domaines d'activités susceptibles d'être économiquement rentables. La compagnie prête à chaque TPE créée un montant initial sans intérêt nécessaire pour sa création et au démarrage de ses activités. Le

[142] Alseny Camara, syndicat CBG/Kamsar, 4 septembre 2014, 12h 00.

remboursement s'étale sur 3 ans à compter de la fin d'un moratoire de 12 mois accordé à la TPE avant tout remboursement. Le montant remboursé est versé dans un compte de la CBG pour permettre la création d'autres TPE. Ces TPE en tant qu'entreprises privées sont totalement indépendantes de la CBG dans leur gestion et dans leur choix de management. Elles entretiennent uniquement avec la CBG des relations réciproques de clients-fournisseurs. Dans l'acquisition des marchés publiés par la compagnie les TPE sont soumises aux mêmes règles que les autres entreprises concurrentes. Cependant, la CBG exige aux TPE des obligations de citoyenneté (salaire minimum de 700 000 francs guinéens, déclaration sociale et fiscale de l'entreprise et des salaires, respect des conditions de santé, sécurité, environnement, respect du code de l'éthique et des affaires de la CBG). Pour bénéficier du prêt, les TPE présentent à la CBG, en collaboration avec la commune rurale, une liste des associés avec leurs profils et compétences, les statuts de la micro-organisation, l'agrément de création et le capital social des associés.

La Direction générale de la CBG signe avec le gérant de la TPE un contrat de prêt d'argent suivi d'un engagement par la TPE, de non-recours contre la CBG et d'un contrat si besoin est avec la CBG pour la logistique, la location des biens immobiliers, la fourniture d'eau et d'électricité. Plus de 100.000 dollars ont été investis par la CBG pour la création et le démarrage de sept 7 TPE et deux (2) sociétés sous-traitantes redéployées.[143] Au total, 740 emplois ont été créés et sauvés par ces TPE/SO avec un chiffre d'affaires de prêts de 21 milliards GNF en deux ans.

---

[143] Mess-Kamsar Sarreco et Boulangerie Kamsar et Sangaredi.

Tableau sur la situation des TPE extrait des archives de la direction des projets communautaires de CBG à Kamsar.[144]

Société	Description	Emplois créés	Avance de démarrage (millions GNF)	Apport opérateur (millions GNF	Contrat en exécution (millions GNF)
SOCOREM	Constructions et rénovations de maisons	57	60,00	5,70	1300,0
SOCANE	Assainissement et nettoyage	102	60,00	10,20	288,00
SOREMINE	Reboisement des carrières	20	60,00	2,00	87,50
SONECI	Curage de caniveaux industriels	44	60,00	4,40	73,70
SOLABAAL	Assainissement cité	30	18,90	3,00	
SORECOM	Rénovations et constructions de maisons	20	21,30	2,00	
SOFRULEG	Fabrique de confitures	10	60,00	1,00	
	Total	283	340,20	28,30	1749,20

Cependant, plusieurs difficultés handicapent aujourd'hui le bon fonctionnement de ces microentreprises, notamment : la rareté des contrats (la CBG est presque

[144] Archives des services de relations communautaires de CBG.

l'unique pourvoyeuse de contrat). Le retard dans les payements allant jusqu'à 60 jours, le faible niveau de formation des associés, la concurrence déloyale avec certaines PME ou sociétés plus fortes financièrement et techniquement par rapport aux TPE, conflits et relations personnelles difficiles entre les membres d'une même TPE.[145]

L'autre face noire de la ville de Kamsar se remarque par sa grande insalubrité, notamment le village autour de la cité des travailleurs. Des tas d'immondices aux odeurs nauséabondes envahissent les rails de la voie ferrée parallèle à la route nationale bitumée. Ces monticules de déchets toxiques sont visibles tout le long de la route qui traverse en longitude Kamsar. Ils sont fréquemment incinérés pour réduire la hauteur avec toutes les conséquences de pollution dans l'atmosphère. La commune semble impuissante devant cet envahissement des ordures le long de la voie publique. Les critiques de l'opinion sont orientées vers l'entreprise dans une confusion largement entretenue par des acteurs locaux sur les rôles et les responsabilités entre pouvoirs publics et entreprises privées.

À Sangaredi, la seconde ville minière de la CBG après Kamsar, la propriété de la ville est une réalité qui saute aux yeux. Un partenariat CBG/CR de Sangaredi a permis la mise en place d'une politique réussie en la matière. La compagnie a acheté un camion et la mairie distribue les poubelles.

Le phénomène de la prostitution est aussi un facteur remarquable de « dépravation » des mœurs en plein essor à Kamsar. Les autorités de la place reconnaissent l'existence du métier à Kamsar sans toutefois disposer de statistiques sur le phénomène. Le quartier périphérique de la cité dit le « Bafond » est reconnu par les jeunes de Kamsar comme le

---

145 Mohamed Jibone Soumah, membre TPE, 2 septembre 2014, 11h 00.

lieu où s'exerce cette activité du sexe. Plus d'une trentaine de maquis connus et identifiés sont réputés être des lieux où se pratique la prostitution à une très grande échelle. À Sangaredi, la prostitution s'est développée aussi de façon galopante. Elle se pratique de manière discrète, dans des chambres privées. Des clients négocient et se fixent des rendez-vous dans des maisons privées. Cette forme discrète du métier ne permet également aucun chiffre sur l'ampleur du phénomène à Sangaredi.

C. IMPACTS ECONOMIQUES DE LA CBG A KAMSAR ET A SANGAREDI :

La ville de Kamsar est une des rares sous-préfectures de la Guinée à abriter 4 agences bancaires (BICIGUI, ORABANK, ECOBANK ET SGBG), tous les services de téléphonie mobile : ORANGE, AREBA, CELLCOM et 8 sociétés de pêche : Soutoura pêche, Océanie pêche, Lagnifa pêche, Pussan, Dixinn, Korboya, Tanamouna, Dougoufissa pêche, Adams pêche. L'eau et l'électricité fournies par la compagnie ont été les principaux facteurs qui ont favorisé l'installation de ces succursales de pêche à Kamsar. Cela permet de faire fonctionner régulièrement les chambres froides pour la conservation des poissons.[146]

Ce petit village d'agricultures et de pêcheurs est devenu un véritable centre économique où s'orientent toutes les structures économiques. Plus de 169 groupements socio-économiques exercent dans différents secteurs d'activités et plus de 122 débarcadères longent les différents estuaires de la sous-préfecture de Kamsar. Ces débarcadères constituent des points de décharge des poissons et points de vente du « kinsi », long bois pour la construction. Ils représentent des sources de revenus importantes pour les populations.

[146] Mamadou Camara, DPP Boké, 24 Aout 2014, 12h00.

Cependant, les autorités ont du mal à contrôler leur nombre et leur développement anarchique le long des côtes de Kamsar. Ils causent d'énormes dégâts à l'environnement par la coupe abusive de la mangrove.

Le secteur de la pêche s'est imposé au fil du temps comme le second secteur d'activités économiques de la ville de Kamsar après la CBG. En outre, les travailleurs de la CBG constituent un marché de consommation très florissant du poisson. La pêche artisanale très développée se fait à bord de pirogues monoxyles et de pirogues motorisées. Le port de pêche situé à l'extrémité nord de la ville est animé quotidiennement par 452 pécheurs et 136 fumeurs de poisson. Les statistiques des services de pêche font état de 57 mareyeuses enregistrées au niveau du port de pêche. En 1991, la mise en place d'un projet de pêche a permis à ces femmes de s'organiser en tontine et en groupement solidaire afin d'obtenir des crédits de fonctionnement et d'investissement. Leurs principales activités portent essentiellement sur la transformation, le glaçage et le mareyage des produits de pêche. La technique de transformation la plus répandue au port de Kamsar est le fumage consistant à laver et à étaler sur des fumoirs des poissons à trois degrés différents, en fonction de la distance de commercialisation. La cueillette des crevettes et des carpes ainsi que la fabrication du sel de cuisine sont des activités parallèles très importantes des femmes au port de pêche. La ville de Kamsar dispose aujourd'hui du 2e port de pêche artisanale après celui de Boulbinet et du port d'attache le plus important de la Guinée, puisqu'il s'ouvre sur les îles voisines du Sénégal, de la Gambie, de la Guinée Bissau.[147] Pour l'année 2012, les services de pêche annoncent le chiffre de quatorze millions cent trente-six mille kilogrammes de poissons pêchés par les 8 sociétés de

[147] S, Diallo, « rôle des femmes dans la communauté de pêche à Kamsar », *w.w.w.fao.org/docrep*, aout 2014.

pêche, ainsi que la pêche artisanale organisée en communauté de pêcheurs.[148] La gestion des licences de pêche, des permis de navigation et des autorisations de pêche font l'objet d'une véritable opacité. Les services déconcentrés de pêche de l'État en place gardent le silence sur toutes les questions touchant aux revenus issus des licences de pêche. Cependant, malgré l'atout énorme de la présence de la CBG pour le secteur de la pèche à Kamsar, la direction préfectorale de la pêche de Kamsar exprime son inquiétude par rapport au projet d'extension du port minéralier de Kamsar. La destruction de la mangrove qui en résulterait, les dépôts flottants d'huile et le bruit des grands bateaux auront des conséquences négatives sur la productivité de la pêche. En effet, la mangrove étant l'espace naturelle de reproduction des poissons, les huiles flottantes, le bruit des bateaux éloigneraient les poissons de ces espaces naturels de reproduction.[149]

Selon plusieurs observateurs, la pêche pourrait être une activité économique capable d'absorber les centaines de chômeurs attirés dans la ville de Kamsar par la présence de la CBG. Chaque jour, ce sont des centaines de personnes qui convergent très tôt le matin vers le port de pêche de Kamsar où ils exercent plusieurs activités économiques connexes ; vente d'aliments, de friperies, de chaussures ; conducteurs de taxis motos ; transporteurs de bagages ; femmes tresseuses ; vente d'eau minérale… Un véritable « centre commercial » à ciel ouvert accroché à l'activité de pêche, mais aussi un véritable « nid de tous les oiseaux de mauvais augure » ; prostitution, consommation des stupéfiants, délinquance, conditions d'hygiène et de santé désastreuses, habitation dangereuse ; une véritable favela des tropiques. Une phrase populaire à Kamsar dit en substance que « lorsque tu n'as rien à faire le matin comme

[148] Mamadou Camara, DPP Boké, 24 aout 2014, 12h OO.
[149] Mamadou Camara, DPP Boké, 24 aout 2014, 12h OO.

travail, rends-toi au port. Tu auras au moins de quoi manger ».

À Sangaredi, les savanes herbeuses du « Bowal de Sangaredi » étaient avant l'arrivée de la CBG en 1968 des zones d'élevage par excellence. Les hautes herbes des plateaux bauxitiques et les cours d'eau environnants comme le Kogon, Thiankounaye, rendaient propice l'exercice du métier d'éleveur dans la zone. Les éleveurs quittaient des zones éloignées comme Missira dans Télémelé pour venir séjourner dans les « bowés de Sangaredi » pendant la saison sèche. D'ailleurs le nom du plus grand district de la commune rurale de Sangaredi, « Thiankounayi » signifie littéralement « le marigot des bœufs ». C'est dans ce cours d'eau en voie de disparition aujourd'hui que les animaux venaient s'abreuver. Un recensement effectué en l'an 2000 indiquait le chiffre de 16 441 têtes pour les bovins, celui de 2019 pour les ovins, et de 4101 pour les caprins, tous entretenus par 955 éleveurs.[150]

L'arrivée de la CBG dans la zone, l'explosion démographique qui en est suivie, l'ouverture des mines, le chemin de fer et le train minéralier sont des facteurs qui ont contribué grandement à déstabiliser le secteur. À nos jours, les rares éleveurs qui restent dans la zone ne possèdent qu'entre 10 à 20 têtes. La plupart d'entre eux ayant immigré vers la Guinée Bissau ou Gaoual. Plus de la moitié des animaux abattus aujourd'hui à Sangaredi pour la consommation viennent d'ailleurs : Missira, Daramagnaki, Gaoual. La ville ne disposait pas à cette date d'un abattoir moderne d'animaux d'élevage.[151]

---

[150] Barry Fatoumata Boké, service élevage Sangaredi, 22 septembre 2014, 12h 00.

[151] Barry Fatoumata Boké, service élevage Sangaredi, 22 septembre 2014, 12h 00.

Selon des témoignages recueillis à Sangaredi, le train minéralier est l'ennemi fatal des animaux. Un éleveur de 20 bœufs aurait perdu en une journée 19 bœufs écrasés par le train minéralier. Un autre propriétaire de 15 moutons les aurait perdus, tous, écrasés par le même train. Ces habitants ont souvent porté plainte pour obtenir dédommagements, mais n'ont obtenu aucune suite favorable. L'autre problème auquel le secteur de l'élevage est confronté en lien direct ou indirect avec l'implantation de la CBG dans la zone est le manque de pâturage et d'eau. La pollution des cours d'eau par la poussière provenant de la mine provoque des maladies respiratoires chez certains animaux, affirme Fatoumata Boké Barry du service de l'élevage. Le fleuve Cogon, le plus grand dans la zone est en partie occupé par des maraîchers, le reste du fleuve sert de délimitation naturelle à la concession minière de la CBG. Ce manque d'espaces de pâturages provoque souvent des conflits entre agriculteurs et éleveurs.

Le service de L'État en charge de l'élevage en place à Sangaredi manque d'équipements, aucune aide ne leur arrive de l'État « affirme Mme Barry Fatoumata Boké, chef service de l'élevage à Sangaredi ». Pourtant, de l'avis de certains techniciens du secteur à Sangaredi, l'élevage pourrait être un secteur promoteur d'emplois, de source de revenus et de nourriture pour la population de Sangaredi. À titre d'exemple, une petite ferme avicole de 8000 poussins installée à Sangaredi par un opérateur de la place compte déjà 16 salariés.

En dehors de l'élevage, la seule activité génératrice de revenus à Sangaredi est le trafic de gasoil, appelé localement « le métier de golfeur », des dizaines de jeunes traversent chaque nuit le fleuve Cogon avec deux ou 3 bidons de 20 litres de gasoil, frauduleusement extraient des centrales de dépôt de la CBG en complicité avec la surveillance. Ce métier illégal a permis à certaines personnes de construire des maisons réputées les plus belles à Sangaredi et de bâtir de grande fortune.

Les industries extractives tuent paradoxalement les potentialités naturelles des régions minières. Des villes entières sont mises « sous perfusion » économique des entreprises minières, déstructurent les circuits économiques locaux, pervertissent les génies endogènes et développent chez les populations le « syndrome de la rente ». Une attitude d'attentisme de l'argent frais injecté par une compagnie minière providentielle à laquelle on réclame tout et rien en lieu et place de l'État, le véritable responsable régalien du développement. Le potentiel local de ces zones, véritable facteur de développement durable et inclusif, la pêche et l'agriculture à Kamsar, l'élevage à Sangaredi méritent soutien et priorité dans les politiques publiques de développement de ces zones.

D. IMPACTS SUR LE SECTEUR DE LA SECURITE À KAMSAR ET À SANGAREDI :

La question sécuritaire est un grand défi à relever dans les zones minières en général. L'implantation de la CBG dans la Commune rurale de Sangaredi (pour la mine) et celle de Kamsar (pour l'usine et le port) a favorisé un développement accéléré et anarchique de ces villes sur les plans démographiques. Des milliers de personnes y sont arrivées de toute la Guinée à la recherche d'emplois mieux énumérés. Cette explosion démographique incontrôlée a développé des « facteurs criminogènes » à l'origine des problèmes d'insécurité intenses dans ces deux villes.[152]

Le manque d'emplois, la pauvreté grandissante, l'exclusion sociale, les nécessités de survie poussent des

---

[152] M. Sylla, commissaire adjoint police de Kamsar, 6 août 2014, 12 h 00.

personnes à exercer des activités réprimées par la loi. La ville de Kamsar pour l'année 2013 a enregistré près de 7 attaques à main armée. Un chiffre en soi très élevé à l'échelle d'une sous-préfecture. Les données fournies par la police de Kamsar font état d'un policier pour 500 habitants contre 1 sur 50 ou 60 selon les normes standards sécuritaires.[153] La CBG, quant à elle, dispose en matière de sécurité d'une unité d'intervention mixte et des sociétés privées de surveillance de ses installations. Une unité de gendarmerie et un attaché militaire sont également détachés auprès de la compagnie.

La fin du régime du général Lansana Conté a été aussi marquée à Kamsar par des scandales d'atterrissage d'avions chargés de « cocaïne » sur l'aérodrome de Kawas. Le régime de transition instauré en 2008, dans sa politique de lutte contre les réseaux de trafic de drogue, a fortement déstabilisé la chaîne de commercialisation des stupéfiants à Kamsar, sans toutefois réussir à éradiquer complètement le fléau. Cependant, depuis cette date aucun atterrissage « d'avion » n'a été signalé dans la ville de Kamsar. L'aérodrome de Kawas qui était utilisé par les réseaux mafieux a cessé de fonctionner depuis 2009.

À Sangaredi, la situation sécuritaire est un plus dramatique. Le commissaire adjoint de la police « l'identifie comme la plus grande zone de turbulence » dans la région de Boké. Il explique cette situation par des facteurs politiques et sociaux ; la ville de Sangaredi est sociologiquement cosmopolite. Elle est habitée par des Peulhs, Soussou, Baga, Malinké… L'ethno stratégie, en politique, a créé des tensions sociales extrêmes pendant les périodes électorales. Le chômage grandissant de la majorité de la jeunesse a développé un « nationalisme local » très fort. Des personnes se réclamant « autochtones » revendiquent souvent la priorité dans les emplois. Cela se

---

[153] M. Sylla, commissaire adjoint police de Kamsar, 6 aout 2014, 12h00.

traduit souvent par des mouvements récurrents de protestation de ces jeunes dits « autochtones » qui s'attaquent aux édifices publics. Les forces de sécurités de la ville notamment la police manquent d'effectifs suffisants. En 2014, on dénombre 27 agents de police pour une population de plus de 80.000 habitants.[154]

En outre, ces villes connaissent des remous sociaux fréquents. Le problème de l'électricité est l'épine dorsale des tensions sociales qui frappent tout le corridor de transport de la bauxite. À Kamsar, plusieurs manifestations et troubles ont secoué la ville depuis le début des années 2000. Le 21 janvier 2004, des émeutes ont paralysé les opérations minières de la CBG pendant plus de quatre (4) jours entraînant la destruction d'édifices administratifs (blocs administratifs de la sous-préfecture de Kamsar, centrale électrique, certaines installations de la CBG), et des menaces sur les employés de la CBG. En novembre-décembre 2006, « la marée rouge » ou la révolte des femmes de Kamsar a paralysé pendant plus de deux semaines les opérations minières de la CBG et a menacé la sécurité des travailleurs de la CBG. Les mouvements sociaux de janvier — février 2007 suivis de l'état de siège avaient aussi fortement ralenti les opérations minières de la CBG. Ces émeutes ont contraint la CBG à ralentir le financement des projets sociaux dans les autres localités pour s'occuper en priorité de la fourniture de l'électricité pour la ville de Kamsar. Successivement en 2017, 2020, 2021 des scènes de violences permanentes ont secoué cette ville portuaire entraînant des pertes en vies humaines. La compagnie a investi plus de 2 millions de dollars dans la construction d'une centrale thermique à Kassopo pour la fourniture de l'électricité à la population. Il est prévu que l'ANAIM, entreprise publique disposant de ressources

---

[154]A.O, Diallo, commissaire spécial adjoint de Sangaredi, 23 septembre, 12h00.

financières importantes, finance l'alimentation de la centrale en carburant. Le vol de carburant, le mauvais entretien technique de la centrale ont engendré régulièrement l'arrêt de celle-ci et la rupture de la desserte en électricité, déclenchant des réactions parfois violentes des populations.

E. Impacts de la CBG sur le secteur de l'Environnement à Kamsar et à Sangaredi :

Les questions liées à l'environnement constituent les défis majeurs dans les activités d'extraction de bauxite. La CBG dans tous ses textes officiels de communication fait des services de santé, de sécurité, d'environnement, des priorités dans ses activités à tous les niveaux. Le souci est d'ailleurs partagé par l'ensemble des travailleurs de la compagnie qui le traduisent à travers une phrase célèbre « zéro tonne de bauxite exportée sans santé, sécurité, environnement ». L'application des mesures de prévention en matière de santé, sécurité, environnement est de rigueur dans les différents services de la CBG notamment dans les zones sensibles (usine à Kamsar, mine et zone technique à Sangaredi). Pour accéder à ces zones, le port des instruments de sécurité est obligatoire (chaussure de sécurité, lunette protectrice, casque, ceinture de sécurité, etc.).

Cependant, les impacts environnementaux de la CBG sur la ville minière de Sangaredi et la ville portuaire de Kamsar sont très saisissants. La ville de Kamsar était, il y a un demi-siècle, une zone d'agriculture et de pêche par excellence. Les produits de l'agriculture étaient divers : riz, manioc, arachide, fonio, maïs, taros, igname, patate douce, légume. Selon le chef de service agriculture en place ; « … 25 % de la superficie de Kamsar est propice à l'agriculture, dont 10 % favorable à la culture du riz, nourriture par excellence des populations autochtones… ».[155] Cette énorme potentialité agricole de Kamsar a été en partie paralysée par l'arrivée de la CBG dans la localité « … La poussière dégagée par l'usine se dépose sur l'espace foliaire de la plante, qui a pourtant besoin d'oxygène… » « … Depuis l'arrivée de la CBG, l'agriculture a été marginalisée. Il y a eu la démobilisation des jeunes ; les districts insulaires ont été dépeuplés… », explique le chef service de l'agriculture à Kamsar.[156] L'attrait des emplois mieux rémunérés à la CBG même à titre de planton a démobilisé l'immense majorité des paysans à Kamsar. De nos jours, le secteur reste confronté à d'énormes difficultés, notamment : le problème de gestion du reste des domaines agricoles exploitables qui appartiennent encore à des familles, la nature marécageuse de ces espaces agricoles qui nécessitent des motoculteurs pour assurer leur exploitation, le transfert de ces espaces à des tiers sans intervention de techniciens de l'agriculture, ce qui crée souvent des conflits de propriété.

Les domaines des eaux et forêts à Kamsar et à Sangaredi sont également des victimes des sociétés minières et de la démographie galopante de ces villes. « … Le développement des palmiers, des colatiers, manguiers, a été ralenti par la poussière dégagée par l'usine à Kamsar… », explique le chef service eaux et forêts. L'arrivée très récente de Global Alumina Corporation (GAC) dans la zone pour la construction d'une usine d'alumine a entraîné la destruction de 80 ha de forêts, détruisant au passage des palétuviers, des poissons, des crabes, des rhizophoras. En plus, le développement anarchique des activités de pêche a détruit les forêts de mangroves qui ralentissaient les grandes vagues et la chaleur étouffante des profondeurs de l'océan,

[155] Amadou Traoré, service agriculture Kamsar, 12 aout 2014, 10h OO.
[156] Fodé Bouya Camara, service eaux et forêts Kamsar, 27 aout 2014, 11h 30.

« … plus de 7 km de mangroves ont été complètement dévastés à Kamsar… ».[157]

Pour implanter la cité et l'usine à Kamsar en 1973, plusieurs dizaines d'hectares de rizières et de plantations ont été détruits, et les espaces ont été aménagés pour abriter les installations portuaires, l'usine de broyage et la ville portuaire. « On mettait du feu aux plantations et aux rizières », témoigne un habitant de la zone en 1969. Aucun chiffre n'est disponible sur la superficie des espaces concédés à la CBG en 1963. Le représentant en place de l'ANAIM, structure de l'État responsable de la gestion des infrastructures de la ville portuaire, du chemin de fer, et du port, se réserve de donner des chiffres sur la superficie des espaces concédés à la CBG. Un contentieux existe toujours avec les communautés baga sur les limites de la concession. La question de l'indemnisation des populations qui occupaient ces espaces avant 1963 fait l'objet encore de polémique « … ma famille a reçu 200 feuilles de tôles et un peu d'argent dont j'ignore le montant… », témoigne un vieux Baga fils d'un ancien chef de canton de Kamsar, propriétaire des rizières sur lesquelles l'usine de Kamsar a été construite. « … il y a eu des dédommagements maigres pour les maisons et non les arbres fruitiers… », accuse le vieux Baga.

Le coordonnateur de l'ANAIM à Kamsar affirme que « … aucun cadre formel et légal n'existe concernant le règlement définitif des terrains occupés par les installations de la CBG… au départ, la question de l'indemnisation a été gérée de façon informelle, de petits arrangements entre les coutumiers et l'État… » La convention de base prévoit sommairement une indemnisation des arbres fruitiers situés sur les terrains concédés à la CBG sans grande précision : « ... Si des terrains mis en valeur, des immeubles, du bois

[157] Fodé Bouya Camara, service eaux et forêts Kamsar, 27 aout 2014, 11h 30.

de construction, des carrières, ou d'autres sources de matériaux, des routes, des voies d'eau ou d'autres moyens matériels, sont ou deviennent nécessaires à une exploitation normale et rentable par la société, le gouvernement, sur demande de la société, engagera la procédure nécessaire pour les faire mettre à la disposition de la société. Celle-ci aura à charge d'indemniser les intéressés conformément aux textes et règlements en vigueur en matière domaniale… ».

M. Touré soutient cependant que ces terrains appartenaient à l'État selon les textes juridiques de l'époque qui consacraient la propriété exclusive des terres à l'État et que les populations n'ont que le droit d'usage. Récemment, un programme de délimitation a été mis en place afin de récupérer et sécuriser tous les espaces accordés à la CBG.

En outre, la ville de Kamsar regorge d'énormes potentialités touristiques faiblement mises en valeur. Elle compte 6 villages balnéaires avec des plages naturelles non aménagées ;

— L'île de Taigbé, qui possède une plage naturelle.

— Les districts de Binariqui possèdent une plage naturelle et 3 hameaux habités par des singes, des chimpanzés, de gros serpents et pythons

— M'botini qui possède une plage naturelle à Yongossa, dans le district de Koufin, secteur de Kalick, et secteur de Kobo qui comportent aussi des espaces touristiques.

À Sangaredi, au niveau des services des eaux et forêts les critiques sont assez acerbes à l'égard de la CBG. Le chef de service regrette de ne pas être consulté par la CBG en tant que représentant de l'État, responsable des eaux et forêts. M. Sakho reconnaît néanmoins que la CBG a reboisé les zones qu'elle a exploitées, mais critique l'essence forestière utilisée par la compagnie ; l'anacardier, une espèce à croissance rapide, avec une durée de vie courte et qui s'adapterait à tout type de sol, mais l'appauvrirait également. La CBG, quant à elle, justifie que ce sont les communautés elles-mêmes qui ont choisi l'anacardier à cause des retombées économiques qu'il procure à travers ses fruits, l'acajou. Le service des eaux et forêts recommande plutôt des espèces centenaires comme l'acacia mangium ou le melina.

La CBG assure, quant à elle, être en conformité avec la convention de base de 1963 qui prévoit sommairement dans son article 3 la réhabilitation en fin d'exploitation des surfaces occupées par les cultures ou des pâturages au moment de prise d'effet de cette convention. Mais également, elle affirme respecter toutes les normes nationales et internationales en matière de protection de l'environnement.[158]

Dans cette optique à partir de 1990, elle avait entamé a posteriori des études sur les impacts environnementaux de ses activités minières dans la région. En 1991, elle a commencé le reboisement des premières mines exploitées et épuisées, celles du plateau de Sangaredi, de Silidara, de Bidikoun. En 2004, elle a mis en place un plan environnemental quinquennal soumis à l'approbation du ministre de l'Environnement. La CBG soutient que tous les gisements qu'elle a exploités ces dernières années ont fait l'objet d'études environnementales, pour identifier à l'avance les essences forestières et les espèces animales en place. Évaluer le niveau d'impact de ses activités sur cette biodiversité ; éventuellement, projeter des mesures de restauration à peu près à « l'identique » après exploitation de la zone. La CBG affirme avoir toujours travaillé avec les ministères concernés (Environnement et Mines) par rapport aux questions environnementales. Aliou Barry surintendant environnement souligne que la CBG a des obligations contraignantes avec ses partenaires en matière

[158] Le code l'environnement adopté en Guinée· La CBG est certifiée par la norme de certification environnementale internationale ISO 14001.

d'environnement (Rio Tinto, Alcan…). « En 1991, elle a commencé le reboisement des mines exploitées avec 2 ha restaurés. À la mine de Sangaredi, la plus ancienne, 730 ha ont été décapés, 726 exploités et 686 ha non réhabilitables à cause de l'existence encore de 24 millions de tonnes de bauxite à 56 % de teneur en alumine. Au niveau de la Western réserve dans la même mine de Sangaredi 101 ha ont été exploités, 74 ha réhabilités et 26 ha non réhabilitables, contenant toujours 10 millions de tonnes de bauxite à récupérer avec 56 % de teneur en alumine. Au total, 1268 ha ont été réhabilités avec 443.830 plantes. Rien qu'en 2014, 118 ha ont été reboisés par la CBG ».

La CBG prévoit de rétrocéder après chaque 5 ans les espaces réhabilités aux communautés à travers l'État. M. Barry regrette le non-respect total des 500 m de distance requis entre la mine et les habitations d'une part et d'autre part les 25 m de distance requis entre la voie ferrée et les habitations les plus proches. Il déplore surtout l'incendie accidentel ou provoqué de plus de 108 ha de forêts reboisées par la CBG. Cependant, les responsables communautaires et les services déconcentrés de l'État accusent la CBG de ne pas les associer dans la gestion des questions environnementales. Par contre, dans la planification du reboisement, affirme Aliou Barry, « nous discutons avec les communautés deux (2) ou trois (3) fois par an. En les proposant soit des plantes exotiques comme l'anacardier ou des espèces locales comme le "Bantan" qui s'adaptent beaucoup plus vite au sol que les espèces exotiques. Mais les communautés préfèrent souvent les plantes exotiques à cause de ses retombées économiques ».

Le processus de réhabilitation se fait de manière adéquate avec la nature, soutient-il ; « … après l'exploitation, on ramène la terre végétale sur la terre nivelée après destruction des talus, on creuse des sillons de 50 cm pour entraîner l'eau et permettre aux racines de la future plante de bien se fixer au sol. On met en place un système de drainage, pour éviter la boue, et le reboisement est effectué avec des sociétés de la place. Plus de 300 kg d'engrais sont mélangés au sol pour le fertiliser. Les plantes sont surveillées pendant les trois premiers mois contre les rongeurs et les singes, etc. »[159]

L'impact environnemental de la CBG est aussi marqué par la triste marée noire de 2008 au large des côtes de Kamsar. Un travailleur de l'usine aurait oublié de fermer une vanne ou passe l'huile au niveau d'un séparateur. Des quantités importantes d'huiles sont ainsi passées à travers un grand tuyau pour atteindre les marécages et flotter au niveau de l'océan. La CBG a immédiatement procédé à la dépollution en s'équipant de barrage flottant pour circonscrire les huiles flottantes. La CBG aurait payé 500.000.000 GNF d'amende et a déployé une équipe d'experts envoyée par Rio Tinto/Alcan pour nettoyer les dégâts. Le ministère de l'Environnement de l'époque aurait délivré un certificat de dépollution.[160]

Le responsable de l'environnement de la CBG soutient en plus que la CBG dispose d'appareils qui permettent de mesurer le bruit des moteurs, et l'impact de la poussière sur les travailleurs dans les endroits très exposés. Un médecin du travail suit un échantillon de travailleurs affectés dans les zones les plus exposées. Un bilan médical complet et détaillé est établi pour chacun des travailleurs. À Kamsar, la CBG a également mis en place une décharge réputée être l'une des meilleures du pays, avec une géomembrane. Les anciennes carrières civiles exploitées par la CBG à Kamsar pour extraire des matériaux de construction ont été

---

[159] Aliou Barry, Surintendant environnement CBG, 1er Septembre 2014, 18h00.

[160] M, Ouimet, « la ville Rouge », in www.lapresse.ca, aout 2014.

aménagées pour servir comme terrain de jeux et de prière, notamment à Kassongoni.[161]

Au niveau du fleuve Cogon à Sangaredi servant de limite naturelle à la concession de CBG, Kerfalla Kaba, chimiste à la centrale de traitement des eaux du Cogon, affirme : « Tous les 5 jours, nous faisons l'analyse de la DCO (demande chimique en oxygène) pour vérifier si la qualité de l'eau n'est pas nuisible aux animaux… » Nous respectons les normes de l'OMS en matière de qualité de l'eau rassure le chimiste.[162] Par contre, le chef service du développement rural à Sangaredi dénonce la nuisance des opérations minières de la CBG sur l'écosystème. « … Pendant les travaux de prospection géologique, la société ouvre des sillons de 2 m entraînant la dissémination des terres cultivables, des pâturages, la dénudation des zones herbeuses, la fuite de la faune, la baisse des rendements agricoles et donc la perturbation de l'écosystème. Pendant l'exploitation minière, les champs environnants les zones de dynamitage ou de minage reçoivent après l'explosion d'énormes quantités de terre et de poussière qui viennent se déposer sur les cultures. Ces débris minéraux sont à la base de la pollution des cours d'eau… »[163]

Le village de Hamdanlaye situé à moins de 100 m de la mine de N'Dangara à Sangaredi est un cas symptomatique de l'impact des mines de bauxite sur les populations riveraines. Ce village d'agriculteurs et d'éleveurs est l'un des plus anciens dans l'arrondissement de Boullèré, chef-lieu transféré à Sangaredi après l'arrivée de la CBG. En 1968, lorsque commencent les travaux de construction des

---

[161] Aliou Barry, Surintendant environnement CBG, 1er Septembre 2014, 18h00.

[162] Kerfalla Kaba, chimiste centre de traitement eaux CBG, 24 septembre 2014, 10h 00.

[163] Fara Nestor Leno, Chef Service Développement Rural, Sangaredi, Septembre 2014, 12h 00'.

infrastructures minières, les ouvriers, les travailleurs dans les chantiers de construction étaient tous logés dans le village de Hamdanlaye. Ils y effectuaient la prière commune du vendredi dans une mosquée aujourd'hui en ruine. L'exploitation de la mine de N'Dangara a complètement bouleversé la vie des habitants du village. Les grandes forêts ont été complètement dévastées par les travaux de décapage, notamment les forêts de Bhoudouwhadeol, Mamabèra, Yaria, Loukou, Djouria, Kankala, Djolydjina, Djouria. Le fleuve Debhoudouwhadeol qui longe la mine est pollué et menacé de disparition. La plupart des maisons du village aujourd'hui en abandon présentent des fissures, provoquées par le dynamitage de la mine de N'Dangara. C'est seulement en 2003 qu'une école primaire a été construite dans le village par la CBG à titre de contribution au développement communautaire. Trois (3) autres forages sont réalisés par la suite pour fournir de l'eau aux habitants du village. La même année, les populations du village écrivent une lettre à la Direction de la CBG pour réclamer l'amélioration de leurs conditions de vie. Les autorités communales de Sangaredi de l'époque accompagnées des forces de police et de gendarmerie se sont rendues sur les lieux. Elles ont tenté d'étouffer, par intimidation, les revendications des populations. Les habitants du village accusent les autorités communales de l'époque d'avoir refusé la prise en compte réelle de leurs revendications, et de recruter leurs proches parents dans des emplois d'ouvriers non qualifiés ou de plantons. Ces emplois devraient normalement leur revenir comme source de revenus après la destruction par la CBG de tous les espaces agricoles où ils tiraient leurs moyens de subsistance.[164] Après plusieurs années de négociation, les habitants de

---

[164] Mamadou bah, chef du village Hamdanlaye, 29 septembre 2014, 14h 00.

Hamdanlaye ont accepté la délocalisation dans une nouvelle cité construite par la CBG près de Sangaredi, laissant derrière eux leur histoire, leur patrimoine culturel, leur identité. Hamdanlaye, plus qu'un village délocalisé, est un monde brisé, celui d'un peuple d'éleveurs et d'agriculteurs traumatisés par l'irruption dans leur vie d'une mine de bauxite.

La souffrance et le sentiment de révolte se lisent sur tous les visages des anciens habitants de ce village aujourd'hui en ruine. Plusieurs de leurs proches parents seraient partis s'installer en Guinée Bissau avec leurs troupeaux de bœufs. Ceux encore en place dans la nouvelle cité sont dans une incompréhension totale en apprenant que cette terre rouge sur laquelle cultivaient leurs ancêtres rapporte des millions de dollars à la société et à l'État pendant qu'eux croupissent toujours dans une pauvreté totale, à défaut de recevoir des compensations marginales. Parlant avec amertume de leur délocalisation, ils regrettent l'idée qu'ils soient obligés de quitter le lieu où sont enterrées plus de 7 générations de leurs ancêtres. Ils partent en laissant sous les ruines du village ce qui pour eux représente un bien qu'aucune compensation ne pourrait soulager : leur patrimoine culturel.

F. Impacts de la CBG sur le secteur de la sante à Kamsar et à Sangaredi :

L'impact de l'activité minière sur la santé des populations riveraines a toujours été une grande source de préoccupation pour les différents acteurs sociaux nationaux et internationaux. Depuis les mines à ciel ouvert jusqu'aux usines de transformation en produits intermédiaires (bauxite calcinée), la bauxite dégage une quantité importante de poussière qui s'évapore dans la nature. La proximité des habitations, des sites d'exploitation et de transformation de la bauxite peut constituer un grand risque de santé publique. Aucune étude appropriée et spécifique n'est disponible quant à l'impact de cette poussière sur la santé des travailleurs et des populations environnantes.

Dr Richard, Directeur par intérim de l'hôpital ANAIM de Kamsar en août 2014, affirme que pour évaluer l'impact de la poussière sur la santé de la population il faudrait une longue étude, spécifique, suivie et appropriée sur un groupe déterminé de personnes. À Sangaredi, Dr Yacine Diallo, médecin-chef de l'hôpital de la CBG, interrogé en 2014, affirme qu'il ne peut se prononcer sur cette question faute de données appropriées en la matière.

Cependant, malgré ce silence des services de santé, nous constatons en saison sèche, des nuées de poussière qui s'élève des mines de bauxite non loin de la ville de Sangaredi et qui est dispersée à travers toute la ville. À Kamsar comme à Sangaredi, les autorités sanitaires affichent le paludisme comme première cause de consultation médicale suivi des maladies diarrhéiques et en fin d'infections respiratoires.

En outre, l'autre problème sanitaire aiguë dans les zones de Kamsar et Sangaredi est le développement vertigineux des IST/VIH/SIDA. Les statistiques fournies par Dr Richard de l'hôpital ANAIM de Kamsar sont alarmantes. En 1989, sur les 596 personnes testées, 6 cas se sont révélés positifs, dont 0 cas pour la CBG et 6 cas au niveau des populations. En 2005, un centre de dépistage volontaire a été mis en place et a permis d'augmenter considérablement le nombre de personnes testées. Sur les 3393 cas testés la même année, 349 se sont révélés positifs. En 2012, sur les 1294 cas testés, 172 se sont révélés positifs.[165] Ces chiffres soulèvent d'énormes inquiétudes sur la situation de la séroprévalence à Kamsar. À Sangarédi, une source hospitalière de la CBG indique en 2014 le chiffre de 45

---

[165] Dr. Richard, directeur hôpital ANAIM/Kamsar, 7 aout 2014, 11h 00.

travailleurs de la CBG sous traitement antirétroviral (ARV), ainsi que leurs familles.[166] Les travailleurs de la CBG font l'objet de toutes les convoitises à cause de leurs revenus relativement élevés et autres avantages matériels et de prestige social que leur accorde la compagnie. Le plus souvent, ils sont originaires d'autres régions de la Guinée et se retrouvent donc éloignés de leurs familles pendant plusieurs mois. Ce qui les contraint à des situations de « célibat géographique », une pratique reconnue comme à haut risque dans la propagation du VIH/SIDA.

Malgré cette situation sanitaire inquiétante, la CBG contribue à améliorer significativement la santé des travailleurs, en construisant des centres de santé, centres équipés et d'hôpitaux de référence, par la fumigation de toute la cité contre les moustiques et autres insectes nuisibles, le traitement des gîtes larvaires dans la cité par des produits chimiques, l'achat, à hauteur de 92.000 $, de réactifs pour le dépistage du VIH, le paludisme, les hépatites B et C, la syphilis, la tuberculose, et la fièvre typhoïde. À Sangaredi, le dispensaire construit par la CBG pour ses travailleurs enregistre des chiffres élevés de consultations. Pour le seul mois de janvier 2014, les statistiques indiquent que 2753 travailleurs de la CBG et 10 personnes issues des populations de la ville ont effectué des consultations. Les consultations sont liées à divers services de qualité qu'offre le dispensaire : le laboratoire, une pharmacie, une salle échographique, une salle de gastro, une radio, un cabinet dentaire, un bloc opératoire, un centre de dépistage volontaire, six (6) cabinets d'hospitalisation, une salle de traumatologie, un service d'urgence, une buanderie, une morgue, un incinérateur. Bref, tous les services de médecine sont en place, les rares cas d'évacuation sont dirigés vers l'hôpital ANAIM de Kamsar,

[166] Plusieurs sources officielles indiquent que le taux de séroprévalence dans la zone se situe entre 3 et 7 %.

mieux équipé avec un personnel plus qualifié et parfois au Maroc pour des cas de cardiopathie ou des cas extrêmes de complications d'accouchements. Entre janvier 2014 et septembre 2014, aucun cas d'accident de travail n'a été enregistré dans les statistiques du dispensaire. Ce succès ressort de l'application des règles de prévention et des mesures strictes de sécurité au travail imposées par la CBG à ses travailleurs.

À l'hôpital ANAIM de Kamsar construit par l'ex-OFAB et subventionné à 80 % par la CBG, les chiffres des consultations reflètent l'importance de l'hôpital pour la santé de la population. En 2012, les chiffres de 76 651 consultations sont affichés, dont 5401 hospitalisations et 2789 accouchements. En 2013, les chiffres de 69 858 consultations dont 5215 hospitalisations et 2922 accouchements sont relevés. Cet hôpital a été une référence nationale pour divers services de santé.

Kamsar et Sangaredi sont deux (2) villes entreprises, pure création de la CBG, qui sont sous la menace permanente d'une tragédie sociale liée à une éventuelle fermeture de l'entreprise. Le « syndrome de Fria », cette dépendance forte à l'égard d'une entreprise minière préjudiciable à la survie d'une ville, plane sur ces « villes rouges ». La gouvernance locale semble figée pour le moment dans une posture de réclamation de rente. Aucune perspective de développement n'est envisageable qui résisterait à la disparition de « l'entreprise providentielle ». Les plans de développement locaux inspirés des schémas classiques de planification du développement local nés de la décentralisation se révèlent inadaptés. L'exploitation minière engendre des défis complexes environnementaux, sécuritaires, démographiques, d'infrastructures, sanitaires et de gouvernance. D'où la nécessité d'élaboration d'une stratégie de développement local spécifique aux zones minières, articulée avec les mécanismes financiers de redistribution des revenus miniers dans les zones minières (FODEL, taxe *superficiaire*, ANAFIC) prévus par le code minier.

Par ailleurs, l'après-mine, on n'y pense pas, pourvu que le robinet de la rente coule. Les « fantômes de Fria et de Banankoro » hurlent pourtant à l'anticipation, interpellent les politiques à cette tragédie inéluctable de ces villes sous perfusion des rentes, en provenance d'une ressource minière, même inépuisable fut-elle.

CONCLUSION

De 1963 à nos jours, la C.B.G s'est érigée comme l'une des plus grandes sociétés minières du pays. Plus de 500 millions de tonnes de bauxite ont été exportées par la compagnie depuis 1973, contribuant ainsi à hauteur de 400 milliards de dollars à l'économie mondiale de l'industrie de l'aluminium.[167] La Guinée a encaissé de la CBG depuis 1973 un montant de plus de 5 milliards de dollars de revenus, soit l'équivalent de 1,5 % de ce qu'elle a apporté à l'économie mondiale. Ce qui interpelle encore sur la nécessité absolue de transformer sur place la bauxite produite ou d'instaurer des mécanismes de taxations indexées au prix de l'aluminium, à l'image de la taxe spéciale (TSPM). Au démarrage des travaux de construction du projet en 1968, la Compagnie des Bauxites de Guinée représentait le plus grand investissement de la Banque Mondiale en Afrique subsaharienne à l'époque avec près de 400 millions de dollars. Le Président Sékou Touré avait même qualifié la CBG comme l'exemple de « coopération internationale le plus achevé ».[168] Un projet d'une telle envergure en Afrique noire francophone en cette période de guerre froide reste tout de même un grand paradoxe dans l'Histoire. Comme nous l'avons expliqué tout au long de cet ouvrage, différents enjeux se sont combinés à un contexte international de profonde transformation de l'industrie de l'aluminium. L'épuisement des vieux gisements européens de bauxite en exploitation depuis le XIXe siècle, ouvrait la voie à une plus grande mise en valeur des réserves africaines jusque-là en sommeil.

---

[167] MEDIAPART, 2 juin 2019, par Michel Mazzoleni.

[168] Publication Guinée-Festival, édition de la Commission Culturelle du Comité Central du P.D.G, Conakry, 1983, page 10.

La valeur stratégique de la bauxite exploitée en Guinée par les compagnies américaines tenait à la fois de sa qualité exceptionnelle à près de 60 % d'alumine, mais ressort aussi de la dimension de la superficie concédée. En effet, la concession minière attribuée à la compagnie a été au début vaguement décrite par la convention de base de 1963, sans grande précision sur la superficie exacte de la surface attribuée. Pour ainsi dire, toute la bauxite située dans la région de Boké et au-delà même de cette région était contenue dans cette concession attribuée à la compagnie. L'évolution du marché mondial de la bauxite et l'arrivée de nouveaux partenaires sur le terrain ont créé des difficultés de cohabitation qu'il fallait immédiatement résoudre, en définissant de nouvelles limites à la concession minière de la CBG. En application des dispositions du code minier voté en 1995, un autre périmètre d'exploitation exclusif de 3000 km^2 a été délimité et attribué à la Compagnie des Bauxites de Guinée. Les superficies, qui ne sont pas comprises dans le nouveau périmètre d'exploitation, ont été attribuées à d'autres sociétés minières qui désiraient s'installer dans la région.

Par ailleurs, notre analyse de ce modèle de coopération entre l'État et les entreprises privées sous forme de « société mixte » laisse apparaître à première vue un partage équilibré des obligations et des profits entre parties prenantes. Mais elle cache en réalité des pratiques d'exploitation financière et de transfert frauduleux de profits au détriment des pays producteurs de bauxite. Les multinationales sont généralement dotées de grandes capacités en expertise comptable et financière. Un domaine dans lequel les pays producteurs doivent renforcer leurs capacités, pour mieux défendre leurs intérêts pendant les négociations des contrats miniers. La gestion des revenus miniers au bénéfice des populations doit être également au centre des préoccupations des pouvoirs publics. Cela passe par une lutte contre la corruption et la sécurisation des recettes minières. Les mécanismes de redistribution des revenus miniers comme le FODEL et l'ANAFIC restent innovants en terme de contribution financière au développement local. Cependant, ils demandent pour demeurer efficaces et pérennes une plus grande transparence de suivi et d'appropriation par les collectivités locales.

BIBLIOGRAPHIE

Ouvrages simples

Devey Muriel, la Guinée, Paris, Karthala, 2009, 135 p.

Devin Guillaume, Sociologie des relations internationales, Paris, La découverte, 2018, 128 p.

Devin Guillaume (dir), méthodes de recherche en relations internationales, Paris, Sciences Po les presses, 2016, 270 p.

Lefèvre Marine, Le soutien américain à la francophonie. Enjeux africains, 1 960 197. Presses de Sciences Po, 2010, 295p.

Livian Yves-Fréderic, Laurini Robert, Réussir son mémoire de Master ou sa thèse, Paris, Éditions Campus Ouvert, 2018, 132 p.

Marcou, Lilly, la guerre froide, l'engrenage, collection la mémoire du siècle, éditions complexes, 1987, 288 p.

N'DIMINA-MOUGALA Antoine-Denis, « Les manifestations de la guerre froide en Afrique centrale (1961-1989) », Guerres mondiales et conflits contemporains, vol. 233, no. 1, 2009, pp. 53.

Pré Roland, avenir de la Guinée française, Conakry, éditions guinéennes, 1951, 280 p.

René Lesclous, Histoire des sites producteurs d'aluminium, Paris, la presse de l'école des mines, 1999, 73 p.

Rachid Azzouz, la France de 1870 à 1958, collection : Que sais-je ? presses universitaires de France, 2000, 128 p.

Soumah Ibrahima, les mines de Guinée comment cela fonctionne, Paris, Harmattan, 2013, 80 p.

Soumah Ibrahima, avenir de l'industrie minière en Guinée, Paris, Harmattan, 2007, 256 p.

Touré Mohamed Lamine, mémoire d'un compagnon de l'indépendance, Paris, Harmattan, 2009, 154 p.

Touré Kémoko, Mes années passées à la tête de la Compagnie des Bauxites de Guinée, U.E, 2016, 167 pages.

Rapports

Accord de projet chemin de fer, Guinée-OFAB-C.B.G, 18 septembre 1968.

Bah, Mamadou Dian Maimouna, rapport de stage à C.B.G, 31 octobre 2011.

Barry, Alpha Sidoux, la haute route de croissance et de développement, s.l. d.

Camara, Mamadouba, géologie de la Guinée, CU de Boké, 2008-2009.

C.B.G, manuel du processus et procédure des relations entre la C.B.G, les Institutions et les Organes.

Diallo Mamadou Cherif, Tall Ahmedou, Traoré Lancei, Enjeux de la gouvernance du secteur minier en Guinée, Conakry, 2011, 135 p.

Rapport spécial pour la restructuration de l'ANAIM, s.l. d.

Articles de revues

Bonnie Campbell, « le secteur de la bauxite en Guinée ajustement structurel et restructuration internationale de l'industrie de l'aluminium », in tiers-monde, Paris, tome 34, N° 34.

Campbell Bonnie. Le secteur de la bauxite en République de Guinée : ajustement structurel et restructuration internationale de l'industrie de l'aluminium. In : Tiers-Monde, tome 34, n° 133, 1993. pp. 187-208.

DOMINIQUE Barjot, PHILIPPE Petitpas « Alcan et Pechiney : une comparaison des processus d'internationalisation de deux multinationales du secteur de l'aluminium durant les années 1950 et 1960. Premiers résultats », Cahiers d'histoire de l'aluminium 2014/1 (n° 52-53), p. 106-139. DOI 10.3917/cha.052.0106.

DEMANGEON Albert. L'industrie de l'aluminium. In : Annales de Géographie, t. 37, n° 208, 1928. pp. 373-374.

GEZE François. La bataille des matières premières minérales : multinationales contre pays producteurs. In : Tiers-Monde, tome 17, n° 66, 1976. Avant la IVe CNUCED. Les produits de base et la politique internationale. Pp. 289-306.

HACHEZ-LEROY Florence. Le marché de l'aluminium en Afrique. In : Outre-mer, tome 89, n° 334-335, 1er semestre 2002. L'électrification outremer de la fin du XIXe siècle aux premières décolonisations. Pp.147-161.

LERAT Serge. Bauxite et aluminium dans le monde. (Deuxième partie). In : Cahiers d'outre-mer. N° 45 — 12e année, janvier-mars 1959. pp. 64-100.

LERAT Serge. Bauxite et aluminium dans le monde. In : Cahiers d'outre-mer. N° 44 — 11e année, octobre-décembre 1958. pp. 389-425.

MIGANIA Guia. « Sékou Touré et la contestation de l'ordre colonial en Afrique subsaharienne, 1958-1963 », Monde(s), vol. 2, no. 2, 2012, pp. 257-273.

PREVERAULT Rejean, « santé-sécurité-environnement », in bulletin info.

PHILIPPE Petitpas, « Les filiales françaises dans la stratégie internationale d'Alcan »,

Cahiers d'histoire de l'aluminium 2014/1 (n° 52-53), p. 140-161. DOI 10.3917/cha.052.0140.

VOGT Jean. Le développement de l'industrie américaine de l'aluminium. In : L'information géographique, volume 22, n° 5, 1958. p. 221.

VARON Henri. L'aluminium. In : L'information géographique, volume 10, n° 4, 1946. pp. 154-155.

YVES Lacoste, Géopolitique, la longue Histoire d'aujourd'hui, Larousse, Espagne, 2009, 335 p.

Presse en ligne

www.cpdm-gn.net, avril 2019

www.cbg.guinée.net, avril 2019.

www.Lejourguinée.com, avril 2019.

www.nrgui.com, mars 2019
www.lapresse.ca, mars 2019.
www.fao.org/docrep, mars 2019.
www.Africaguinée.com, février 2019.
www.bioline.org.br, février 2019.
www.winne.com/guinée, février 2019.
http://www.cbg-guinee.com, mai 2019.

Structures éditoriales du groupe L'Harmattan

L'Harmattan Italie
Via degli Artisti, 15
10124 Torino
harmattan.italia@gmail.com

L'Harmattan Hongrie
Kossuth l. u. 14-16.
1053 Budapest
harmattan@harmattan.hu

L'Harmattan Sénégal
10 VDN en face Mermoz
BP 45034 Dakar-Fann
senharmattan@gmail.com

L'Harmattan Cameroun
TSINGA/FECAFOOT
BP 11486 Yaoundé
inkoukam@gmail.com

L'Harmattan Burkina Faso
Achille Somé – tengnule@hotmail.fr

L'Harmattan Guinée
Almamya, rue KA 028 OKB Agency
BP 3470 Conakry
harmattanguinee@yahoo.fr

L'Harmattan RDC
185, avenue Nyangwe
Commune de Lingwala – Kinshasa
matangilamusadila@yahoo.fr

L'Harmattan Congo
67, boulevard Denis-Sassou-N'Guesso
BP 2874 Brazzaville
harmattan.congo@yahoo.fr

L'Harmattan Mali
Sirakoro-Meguetana V31
Bamako
syllaka@yahoo.fr

L'Harmattan Togo
Djidjole – Lomé
Maison Amela
face EPP BATOME
ddamela@aol.com

L'Harmattan Côte d'Ivoire
Résidence Karl – Cité des Arts
Abidjan-Cocody
03 BP 1588 Abidjan
espace_harmattan.ci@hotmail.fr

L'Harmattan Algérie
22, rue Moulay-Mohamed
31000 Oran
info2@harmattan-algerie.com

L'Harmattan Maroc
5, rue Ferrane-Kouicha, Talaâ-Elkbira
Chrableyine, Fès-Médine
30000 Fès
harmattan.maroc@gmail.com

Nos librairies en France

Librairie internationale
16, rue des Écoles – 75005 Paris
librairie.internationale@harmattan.fr
01 40 46 79 11
www.librairieharmattan.com

Librairie l'Espace Harmattan
21 bis, rue des Écoles – 75005 paris
librairie.espace@harmattan.fr
01 43 29 49 42

Lib. sciences humaines & histoire
21, rue des Écoles – 75005 paris
librairie.sh@harmattan.fr
01 46 34 13 71
www.librairieharmattansh.com

Lib. Méditerranée & Moyen-Orient
7, rue des Carmes – 75005 Paris
librairie.mediterranee@harmattan.fr
01 43 29 71 15

Librairie Le Lucernaire
53, rue Notre-Dame-des-Champs – 75006 Paris
librairie@lucernaire.fr
01 42 22 67 13

www.ingramcontent.com/pod-product-compliance
Lightning Source LLC
LaVergne TN
LVHW010942051026
849532LV00003B/1097